2019

中国粮食和物资储备发展报告

REPORT ON FOOD AND STRATEGIC RESERVES DEVELOPMENT IN CHINA 2019

国家粮食和物资储备局 主编

经济管理出版社

ECONOMY & MANAGEMENT PUBLISHING HOUSE

图书在版编目（CIP）数据

2019 中国粮食和物资储备发展报告 / 国家粮食和物资储备局主编 . —北京：经济管理出版社，2019. 11
ISBN 978-7-5096-6930-3

Ⅰ . ① 2… Ⅱ . ① 国… Ⅲ . ① 国家物资储备—研究报告—中国—2019 Ⅳ . ① F259.21

中国版本图书馆 CIP 数据核字（2019）第 256291 号

组稿编辑：张　艳
责任编辑：张　艳　张广花
责任印制：黄章平
责任校对：陈　颖

出版发行：经济管理出版社
　　　　　（北京市海淀区北蜂窝 8 号中雅大厦 A 座 11 层　100038）
网　　　址：www.E-mp.com.cn
电　　　话：（010）51915602
印　　　刷：廊坊市海玉印刷有限公司
经　　　销：新华书店
开　　　本：889mm×1194mm/16
印　　　张：12
字　　　数：240 千字
版　　　次：2019 年 12 月第 1 版　2019 年 12 月第 1 次印刷
书　　　号：ISBN 978-7-5096-6930-3
定　　　价：150.00 元

编 委 会

孔晶晶　邓　立　申　强　史　策　付祥伟　白　喆　白新园　邝　琼
邢文煦　吉立东　成信磊　毕一卓　毕毅琛　曲贵强　吕昱晨　朱之光
乔领璇　向玉旭　庄春涛　刘　平　刘　武　刘　晨　刘石磊　刘冬竹
刘江波　刘宏亮　刘青青　刘珊珊　刘继辉　刘毅军　齐朝富　闫文婕
安佳宁　安海东　祁潇哲　许　策　孙　哲　孙丽娟　孙海平　纪　龙
纪　展　李　阳　李　玥　李　昭　李　洵　李　涛　李　萌　李久佳
李尔博王　李圣军　李亚莉　李华华　李军岩　李盼盼　李晓燕　李寅铨
李鹏飞　杨　正　杨　林　杨卫民　杨乔伟　杨国庆　杨晓华　杨道兵
杨婷婷　肖　玲　吴永顺　邱天朝　邱永峰　何　刚　何晓伟　余　龙
沈　红　沈　洁　张　怡　张　勇　张　艳　张　倩　张　硕　张　维
张　雷　张　蕾　张永刚　张永强　张永福　张亚奇　张成志　张宇阳
张志恒　张朋飞　张慧杰　陆　坤　陈　达　陈　林　陈　寅　陈　聪
陈书玉　陈玉平　陈玉中　陈军生　陈晓雅　陈媛媛　林凤刚　林明亮
罗乐添　罗守全　季　威　金　贤　金　娜　周　波　周　惠　周　辉
周竹君　周海扬　周海佳　孟凡璠　项　宇　赵　琼　赵军帅　赵来伟
赵泽林　赵胜君　赵滨敬　胡　兵　胡文国　胡耀芳　钟海涛　修　阳
皇甫志鹏　施季辉　姜　超　姜青志　姜明伦　祝　铁　姚　磊　贺　伟
秦玉云　袁　辉　袁　强　袁　鹏　袁舟航　耿晓顿　聂卫东　贾小玲
夏丹萍　夏立军　夏保强　晁铭波　晏　然　徐广超　徐超蓝　徐婷婷
高　明　高丹桂　高春旭　郭　建　唐　成　唐　茂　唐继发　展　飞
黄思思　黄翠群　曹　扬　曹　阳　曹　智　崔红叶　崔愠慧　康　敏
寇　明　寇　荣　彭　扬　彭双五　彭守根　葛　宁　葛　亮　葛连昆
董　祥　董琦琦　韩继志　智振华　程　鹏　程振意　鲁　努　温朝晖
蔡　飞　裴建军　管　超　管伟举　熊晓宝　樊利楠　颜　波　潘　媛
薄传敏　鞠志远　魏　然　魏夏菲

编　辑

刘珊珊　高丹桂　张慧杰　胡耀芳　许方浩　徐卫国

目　录

目 录

目　录

目 录

2018 年中国粮食和物资储备发展概述

2018 年是全面贯彻党的十九大精神的开局之年，是改革开放 40 周年，也是粮食和物资储备事业发展历程中十分重要的一年。全国粮食和物资储备系统以习近平新时代中国特色社会主义思想为指导，认真学习贯彻党的十九大和党的十九届二中、三中全会精神，深入贯彻总体国家安全观和国家粮食安全战略、乡村振兴战略，在落实党中央、国务院决策部署中积极作为，在推动粮食和物资储备改革发展中聚力前进，在为国管粮、为国管储中担当尽责，各项工作取得显著成效，重点领域实现新突破。

一、高质量完成机构改革任务，粮食和物资储备事业开新局展新篇

认真落实党中央、国务院决策部署，国家粮食和物资储备局如期组建到位，"三定"规定制定、机构人员转隶等任务顺利完成。坚持优化协同高效，合理设置综合司局和专业司局，加强干部选拔配备，注重各业务板块之间干部交流，促进感情相通、人心相融，干部队伍焕发出勃勃生机。密切与发改、能源、民政、应急、商务、水利等部门沟通协作，职责有序交接，工作平稳过渡，实现机构改革与业务工作"两不误、两促进"。各级粮食和物资储备部门机构改革稳步实施，职能深刻转变，力量整合优化，职责定位向维护国家安全聚焦。着眼新机构新职能新使命，国家粮食和物资储备局党组制定出台"两决定一意见"，以《关于深化改革转型发展的决定》明确方向、厘清路径，以《关于加强安全稳定廉政工作的决定》压实责任、划定底线，以《关于进一步激励广大干部新时代新担当新作为的实施意见》树立导向、提供保障，推动引领系统全面履职、担当作为，粮食和物资储备事业发展迈上新征程。

二、收储制度改革不断深化，粮食市场调控有力运行平稳

坚持市场化改革取向和保护农民利益并重，完善小麦、稻谷最低收购价政策，修订执行预案，进一步厘清各方责任，突出质量导向，优粮优价特征更加明显。东北地区玉米市场化收购加补贴机制运转顺畅，新疆维吾尔自治区小麦收储制度改革成功实施。粮食政策性收购和市场化收购平稳有序，夏粮市场化收购比重超过 90%，秋粮市场化收购比重稳步提高，各类企业收购粮食 36000 多万吨，没有出现大面积"卖粮难"。政策性粮食不合理库存消化进度加快，超额完成年度任务。印发深化粮食产销合作的指导意见，粮食产销合作机制持续优化拓展。成功举办首届中国粮食交易大

会，成为全国优质粮油产品供需对接新平台。坚决落实"六稳"要求，扎实做好市场监测，积极应对风险隐患，切实维护粮食市场平稳运行。

三、抓实"粮头食尾、农头工尾"，粮食产业强国建设加力提效

认真落实《国务院办公厅关于加快推进农业供给侧结构性改革大力发展粮食产业经济的意见》（国办发〔2017〕78号）精神，深入实施优粮优产、优粮优购、优粮优储、优粮优加、优粮优销"五优联动"，30个省级政府出台实施意见，国家粮食和物资储备局召开全国加快推进粮食产业经济发展第二次现场经验交流会，粮食产业经济发展继续保持稳中向好势头。坚持提质导向、适应粮油消费升级趋势，大力推进"优质粮食工程"，编制完成三年实施规划，支持范围和扶持资金规模进一步扩大，粮食产品供给绿色化、优质化、特色化、品牌化水平不断提高。发挥规划的战略导向作用，重点抓好《粮食行业"十三五"发展规划纲要》《粮食物流业"十三五"发展规划》实施，粮食行业信息化、科技创新和加工业"十三五"规划有序推进，中期评估工作如期完成。印发"科技兴粮"和"人才兴粮"实施意见，启动4个国家粮食技术创新中心和首个国家粮食技术转移中心建设，组织选拔首批粮食行业领军人才，首次开展粮食行业人才供需对接。各地健全完善粮食科技创新体系，加大创新资金投入，强化企业创新主体作用，促进科技创新和成果转化，搭建粮食科技创新平台，加强产学研合作，"科技兴粮"和"人才兴粮"政策效应有效释放，取得明显进展。

四、依法依规管粮机制日趋完善，维护国家粮食安全的支撑作用明显增强

顺利完成2017年度粮食安全省长责任制考核，完善2018年度考核方案，考核"指挥棒"作用得到有效发挥。各地高度重视粮食安全工作，加大投入、强化措施，扎实推进粮食生产、储备、流通能力建设。着眼于摸清查实库存底数、守住管好"天下粮仓"，印发《关于开展全国政策性粮食库存数量和质量大清查的通知》，在10个省20个市进行试点，为全面清查奠定扎实基础。常态化监管力度进一步加大，12325粮食流通监管热线开通运行，拓宽了社会监督渠道，形成了一定影响力和认可度，成为立体监管网络的重要一环；推行"双随机一公开"监管，依法从严查办涉粮案件，有力地震慑了违法违规行为。积极推动立法修规，《粮食安全保障法》列入十三届全国人大常委会立法规划一类项目，《粮食流通管理条例》修订稳步推进，《粮食储备管理条例》起草工作正式启动。部分省份粮食安全保障立法取得积极进展，《浙江省粮食安全保障条例》颁布施行，江苏、湖北等省相关法规列入本省人大常委会立法规划。

五、国家物资储备体系逐步建立健全，储备管理持续加强

加强统一的国家物资储备体系谋划，明确提出体系建设主要目标、重点任务和保障措施，切实提升粮食和战略应急物资储备安全保障能力。粮食储备方面，研究提出改革完善体制机制加强粮食

储备安全管理的若干意见。加强粮食储备功能定位、品种规模、结构布局和轮换动用等重大问题研究，指导各地创新管理机制，减少轮换亏损，确保储备粮油安全。战略物资储备方面，加快国家战略物资储备"十三五"规划实施，优化收储、轮换、日常管理等运作模式，健全各类战略物资收储轮换制度，不断提高基础管理水平。按照"一库一批一方案"要求，积极稳妥做好战略物资收储。能源储备方面，加快中央储备成品油质量升级，强化原油储备和成品油代储事中事后监管，确保储存安全和生产安全。应急救灾物资储备方面，稳妥有序推进中央救灾物资、防汛抗旱物资管理职责交接，及时组织出库调运，保障应急救灾需要。

六、基础设施和信息化建设步伐不断加快，保安全守底线的基础更加牢固

加大对粮食仓储、物流、应急和储备基础设施等项目的支持力度，国家石油储备基地建设有序推进，国家成品油储备能力建设项目稳步实施。针对储备仓库安全隐患和薄弱环节，及时启动一批紧急改造项目。大力推进"互联网＋"行动，持续推动仓储智能化，充分利用国家粮食和物资储备信息管理平台，实施"智慧粮食""智能储备"，促进信息技术与粮食和物资储备业务深度融合。国家物资储备信息系统二期工程基本建成，国家粮食管理平台一期试运行，一批粮库智能化项目顺利完成，安防能力、作业效率和监管水平普遍提升。充分利用信息化手段服务农民售粮，深受群众欢迎。

七、粮食和物资储备系统自身建设不断加强，创新力执行力公信力不断提高

旗帜鲜明讲政治，全国粮食和物资储备系统认真学习贯彻党的十九大精神，举行中心组集体学习、专题培训班、辅导报告会，举办粮食和物资储备系统改革开放 40 周年成就展，开展庆祝改革开放 40 周年理论研讨，推动学习贯彻习近平新时代中国特色社会主义思想不断走向深入，切实增强"四个意识"、坚定"四个自信"、坚决做到"两个维护"。大兴调查研究之风，围绕落实习近平总书记在各地视察时就国家粮食安全作出的重要指示精神，开展"1+N"专题调研，形成一批高质量调研成果，出台了一批政策措施，部分报告获得国务院领导同志批示肯定。落实党中央、国务院决策部署，聚焦粮食和物资储备中心工作，开展专题调研，形成一大批重点调研课题成果。"深化改革、转型发展"大讨论取得丰硕成果，激发了干事创业、创新争优的干劲和热情，催生了一批有价值的理论成果和可推广的先进典型，促进了观念、职能、方式"三个转变"。严格落实中央八项规定及实施细则精神，开展专题警示教育，建立廉政风险分析防控机制，强化执纪监督问责，全系统形成风清气正、心齐劲足的良好局面。

专栏 1 全国粮食和物资储备系统改革开放 40 年

为政之要，首在足食。我国始终把解决好吃饭问题作为治国理政的头等大事。改革开放40年来特别是党的十八大以来，全国粮食和物资储备系统认真落实党中央、国务院的决策部署，积极推进粮食和物资储备领域改革，粮食流通体制成功实现了由高度集中的计划经济向社会主义市场经济的转变，保护了种粮农民利益和积极性，满足了军需民食，维护了市场稳定，保障了国家粮食安全；国家物资储备体系不断健全，为维护国家安全、促进经济社会持续健康发展做出了重要贡献。

（一）改革步伐平稳坚定

改革开放40年来，全国粮食和物资储备系统在党中央、国务院的坚强领导下，不断深化粮食流通体制改革和物资储备管理体制改革，走过了极不平凡的发展历程，保持了粮食产能稳定、供给充足、市场平稳和各类储备管理有序的良好态势。

1978~1992 年。 为调动农民生产粮食的积极性，实行计划经济与市场调节相结合方式，逐步取消统购，提高粮食购销价格，初步搭建了以国家专项粮食储备制度和批发市场为主的粮食宏观调控体系。

1993~1997 年。 针对粮食价格出现较大幅度波动的情况，积极稳妥放开粮食价格和经营，实行粮食政策性和经营性业务分开，建立和完善以专项储备、风险基金、"米袋子"省长负责制为主要内容的粮食宏观调控制度。

1998~2003 年。 先后实行"四分开一完善"和"三项政策一项改革"，探索建立粮食产销区补贴和保护价相结合的流通体制，建立粮食购销相关法律制度。

2004~2013 年。 全面放开粮食购销市场，实行以粮食直接补贴、粮食最低收购价和临时收储政策为主的粮食支持保护政策，加大对粮食的补贴支持力度，积极推进国有粮食企业改革和多元化市场主体发展。

2014~2018 年。 深入落实总体国家安全观和粮食安全战略，以粮食收储制度改革为突破，进一步理顺粮食价格形成机制；以粮食安全省长责任制为抓手，强化粮食安全保障能力；以粮食产业经济为引领，全面提升粮食产业发展质量和水平。

自改革开放以来，国家物资储备从弱到强，逐步形成了适应社会主义市场经济体制需要，以政府储备为主，分工协同、运行顺畅的储备体系。制定出台《国家物资储备管理规定》等一系列部门规章、制度和标准规范，管理法治化步伐不断加快。仓库结构不断优化，设施条件明显改善，安全保障水平不断提高。

（二）改革成就鼓舞人心

改革开放以来，全国粮食和物资储备系统坚持"为耕者谋利、为食者造福"理念，保护和调动了主产区重农抓粮、农民务农种粮的积极性，保障了国家粮食安全；聚焦国家储备维护国家安全的核心职能，加快构建统一的国家物资储备体系，保障了战略物资供应安全，为提升国家储备防范化解重大风险的效率效能、保障国家资源能源安全做出了重要贡献。

40 年来，成功解决十多亿人口的吃饭问题，确保了国家粮食安全。粮食产能不断跨上新台阶，总产量连续多年稳定在 6 亿吨以上，人均粮食占有量超过世界平均水平。仓储条件显著改善，仓储设施现代化水平处于世界前列。粮食产品日益丰富，品种结构调整优化，城乡居民粮食消费水平大幅度提高。长期困扰中国人民的温饱问题得到解决，实现了由"吃不饱"向"吃得饱"，进而追求"吃得好"的历史性转变。

40 年来，粮食和物资储备体系更加健全，为经济行稳致远创造了有利条件。"粮食安天下安，粮价稳百价稳"。我国粮食库存总量处于历史高位，政府粮食储备制度建立完善，粮食市场宏观调控能力逐步增强，总体保持平稳运行，对稳定物价总水平和促进经济持续健康发展起到了重要的基础性作用。物资储备规模增加，品种结构优化，维护国家安全的物质基础更加坚实。粮食产业发展壮大，兴粮惠农政策效果明显，促进了农业增效和农民增收，有力地助推了农村发展和脱贫攻坚。

40 年来，保供稳市救灾应急能力明显提高，为社会和谐稳定保驾护航。面对各类突发事件，积极组织应急救灾物资，保障市场供应，做到了关键时刻靠得住、顶得上，让党和政府放心、让人民群众满意。适时有序组织有

色金属、天然橡胶等物资收储投放，达到了平抑市场波动、稳定社会预期、促进相关产业发展的效果。全力做好演习阅兵、抢险救灾、远航补给和"高岛边特"等军粮保障，做到了部队开赴到哪里、军粮保障就跟进到哪里。

40 年来，国际粮食合作不断扩大，为世界粮食安全做出积极贡献。我国用全球 9% 的耕地、6% 的淡水资源养活了近 20% 的人口。这是中国改革开放取得的巨大成就，对世界也是重大贡献。改革开放 40 年来特别是加入世界贸易组织以来，我国国际粮食贸易规模持续增加，外资企业积极参与我国粮食产业发展，国内粮食企业"走出去"迈出坚实步伐，对外粮食援助取得良好成效，有力地促进了世界粮食贸易发展和全球粮食安全。

（三）改革发展前景广阔

改革开放的 40 年，是粮食和物资储备安全保障体系日益健全、保障能力显著增强的 40 年，是粮食行业持续转型发展、物资储备功能日臻完善、全力服务改革发展稳定大局的 40 年，是亿万种粮农民得实惠、城乡居民粮油消费水平大提升的 40 年。未来，我们将始终坚持和加强党的全面领导，把改革开放的旗帜举得更高更稳，以更坚定的信心、更有力的举措，深入推动粮食和物资储备"深化改革、转型发展"，努力提高国家粮食安全和战略应急储备安全保障水平。

一是认真实施国家粮食安全战略。稳妥推进粮食收储制度改革，进一步完善价格形成机制。创新完善粮食宏观调控，确保粮食流通顺畅有序、市场运行平稳。深入实施优粮优产、

优粮优购、优粮优储、优粮优加、优粮优销"五优联动"，加快建设粮食产业强国。认真落实粮食安全省长责任制，推动完善中央和地方共同负责的粮食安全保障机制。

二是积极构建统一的国家储备体系。 协同搞好国家储备发展规划编制，建立各类储备互为补充、协同发展的储备制度，提高国家储备整体效能。科学界定各类储备功能，合理确定储备规模，进一步调整优化品种和区域布局。完善各类储备管理办法和规章制度，加快实现管理规范化、精细化、专业化。

三是切实增强国家储备应对突发事件能力。 建立粮食和物资储备系统应急指挥调度平台，健全储备分级动用机制，修订各类突发事件应急预案，加强应急培训和实战演练，做到关键时刻能"打硬仗、打胜仗"。

四是全面加强国家储备基础设施建设。 以国家储备基础设施建设规划为引领，加大储备设施整合优化力度，分类做好储备基础设施利用、维护和改造升级，完善现代储备基础设施体系。实施科技兴粮兴储，持续推动仓储智能化，促进信息技术与储备业务深度融合。

五是不断提高依法管粮管储水平。 加快推进粮食安全保障立法和粮食流通管理条例修订，研究论证粮食储备、物资储备、能源储备等法规建设。探索分类分级监管，全面实行"双随机一公开"，做到日常监管和跨区域交叉执法检查、专项检查、突击抽查相结合，提高执法监管的威慑力和实效性。

六是推动高质量粮食对外合作。 积极发展粮食国际贸易，促进粮食进口来源、渠道和结构的多元化。加快培育国际大粮商，支持有实力的粮食企业"走出去"，以"一带一路"沿线国家和地区为重点，建立粮油生产基地和加工、仓储、物流设施，实现优势互补、合作共赢。

专栏 2　国家粮食和物资储备部门机构改革

2018 年 3 月机构改革以来，按照党中央和国务院统一部署，根据国务院专项协调小组的安排和要求，国家粮食和物资储备局狠抓落实，蹄疾步稳、紧凑有序，高标准地做好机构改革各项工作，全面开展机构挂牌、人员转隶、职能划转、集中办公和"三定"方案起草等工作，通过"提高政治站位，把加强党的全面领导贯穿改革全程；坚定改革方向，深入推进职能转变；加强业务融合，全面履行新职能；促进交流融合；严明纪律要求，筑牢安全廉政稳定底线"等主要做法实现了职责平稳过渡、工作无缝对接、人员妥善安置、资产有序划转，同时也确保了储备物资的安全，取得了阶段性成效。

（一）深入学习贯彻中央精神，夯实推进改革的思想基础

国家粮食和物资储备局党组始终把习近平总书记关于深化党和国家机构改革的重要讲话和指示精神，作为指导机构改革工作的基本遵循，把关于机构改革重要会议、文件作为工作指南，认真学习领会、融会贯通。全年召开 9 次局党组会或党组（扩大）会，传达学习习近平总书记在党的十九届三中全会、中央全面深化改革委员会第一次会议上的重要讲话，以及《中共中央关于深化党和国家机构改革的决定》《中共中央办公厅关于严明纪律切实保证党和国家机构改革顺利进行的通知》等重要会议文件精神。各级领导班子不断增强"四个意识"、

坚定"四个自信"，坚决维护以习近平同志为核心的党中央权威和集中统一领导，讲政治、顾大局、守纪律、促改革、尽责任，各级党员领导干部坚决拥护改革、支持改革、参与改革，在全系统营造了良好的改革发展氛围，做到了思想不乱、队伍不散、工作不断、干劲不减。

（二）精心组织实施改革方案，建立坚强有力的领导体制和工作机制

2018 年 3 月 22 日，宣布党中央关于国家粮食和物资储备局领导班子任命决定宣布后，国家粮食和物资储备局迅速成立了以张务锋同志为组长，国家有关部门、粮食和物资储备局负责同志为副组长，有关司局负责同志为成员的国家粮食和物资储备局机构改革工作小组。工作小组下设综合协调、机构人事、财务资产、后勤保障 4 个专项组，协同开展工作。精心研究制订了机构改革组织实施工作方案，明确了改革的任务目标、工作机制、主要步骤和工作要求，规划了改革的时间表、路线图。各工作小组对照组建任务和时间节点，进一步列出清单、建立台账、明确责任，定期调度改革任务，协商解决具体问题，及时报告重大事项，有条不紊地推动改革顺利实施。

（三）统筹协调推进改革工作，转隶组建各项目标任务圆满完成

按照"先立后破、不立不破"的原则和

"三定"规定的要求，积极加强与发改、民政、商务、能源等部门沟通协商，建立良好的工作关系，按照时间节点稳步推进，逐项抓好落实。在中共中央组织部宣布局领导班子任命后，即以国家粮食和物资储备局名义运转和开展工作。2018 年 4 月开立文件户头，启用新印章。4 月 4 日正式挂牌，4 月 23 日召开人员转隶大会，机构和人员全部转隶到位。严格按中央要求完成了综合部门集中办公、涉密文件清退、"三定"规定制定、事业单位划转调整等改革任务。7 月 30 日，中共中央办公厅、国务院办公厅正式印发了"三定规定"。8 月 21 日中央机构编制委员会办公室（以下简称中央编办）批复了所属事业单位机构编制，12 月 28 日批复垂直管理系统机构设置方案。严格按照中央编办关于细化落实部门"三定"规定的要求，合理设置处室，配置领导职数和编制，经报中央编办备案同意，内设司局"三定"规定正式印发。研究确定了各司局单位人员配备安排方案，按照新的组织构架开展工作。档案移交、资金资产管理处置、法律法规修订等各项工作按计划推进。

（四）强化垂管机构职能职责，改革完善物资储备管理体制机制

物资储备系统成立以来，在服务国防建设、应对突发事件、参与宏观调控、保障国家安全方面发挥了重要作用。改革完善物资储备管理体制是增强国家安全保障能力的现实需要，也是机构改革的重要任务。2018 年底，中央编办正式批复了国家粮食和物资储备局垂管机构设置方案，明确了职责定位、机构编制等要求。各垂管局在负责辖区内国家战略物资储备管理的基础上，增加了对粮棉油糖、能源、应急救灾物资等中央储备的监管职责。这是着眼国家粮食和战略应急物资储备安全大局做出的重要职能调整。

按照中央编办与国家粮食和物资储备局党组统一部署，严格执行改革方案，落实好垂管局党组或分党组设立、更名挂牌、"三定"规定制定、班子配备和人员调整、新设垂管局组建等任务。立足新职能新要求，提高能力本领，履职尽责实干，充分发挥在地垂直监管作用。稳中求进，统筹实施、分类指导，完善强化物资储备管理体制机制。在保持思想稳定、队伍稳定、工作稳定的前提下，通过先行试点、探索完善，积累经验、创造条件，逐步实现管办分离和政事企分开，积小胜为大胜，务求改革取得预期效果。

第一部分
粮食生产

一 粮食生产概述

2018 年，各级农业农村部门坚决贯彻落实党中央、国务院的决策部署，按照农业农村优先发展的总要求，以实施乡村振兴战略为总抓手，紧紧围绕农业供给侧结构性改革主线，千方百计稳定粮食生产，多措并举调整优化结构，创新机制推动绿色发展，全面推进种植业转型升级和提质增效。

（一）面积总体稳定

2018 年粮食播种面积 11703.8 万公顷，比上年减少 95.1 万公顷，减幅 0.8%。

（二）单产稳中略增

2018 年粮食平均单产每公顷 5621.2 公斤，比上年增加 13.8 公斤，增幅 0.2%。

（三）总产连续第十五年丰产

2018 年粮食总产 65789.2 万吨，比上年减少 371.5 万吨，减幅 0.6%，粮食产量连续 4 年稳定在 65000 万吨以上。

二 粮食生产品种结构

（一）三季粮食稳中略减

1. 夏粮面积、产量均略减

2018 年夏粮播种面积 2670.3 万公顷，比上年减少 15.8 万公顷，减幅 0.6%；总产 13881.0 万吨，比上年减少 293.4 万吨，减幅 2.1%；单产每公顷 5198.3 公斤，比上年减少 78.7 公斤，减幅 1.5%。

2. 早稻面积、产量均略减

2018 年早稻播种面积 479.1 万公顷，比上年减少 35.1 万公顷，减幅 6.8%；总产 2859.0 万吨，比上年减少 128.2 万吨，减幅 4.3%；单产每公顷 5967.0 公斤，比上年增加 157.2 公斤，增幅 2.7%。

3. 秋粮面积减少、产量略增

2018 年秋粮播种面积 8554.4 万公顷，比上年减少 44.3 万公顷，减幅 0.5%；总产 49049.1 万吨，比上年增加 50.5 万吨，增幅 0.1%；单产每公顷 5733.8 公斤，比上年增加 35.4 公斤，增幅 0.6%。

（二）主要粮食品种"三减一增"

1. 稻谷面积、产量均略减

2018 年稻谷播种面积 3018.9 万公顷，比上年减少 55.8 万公顷，减幅 1.8%；总产 21212.9 万吨，比上年减少 54.7 万吨，减幅 0.3%；单产每公顷 7026.6 公斤，比上年增加

109.7 公斤，增幅 1.6%。

2. 小麦面积、产量均略减

2018 年小麦播种面积 2426.6 万公顷，比上年减少 24.2 万公顷，减幅 1.0%；总产 13144.0 万吨，比上年减少 289.4 万吨，减幅 2.2%；单产每公顷 5416.6 公斤，比上年减少 64.6 公斤，减幅 1.2%。

3. 玉米继续调减

2018 年玉米播种面积 4213.0 万公顷，比上年减少 26.9 万公顷，减幅 0.6%；总产 25717.4 万吨，比上年减少 189.7 万吨，减幅 0.7%；单产每公顷 6104.3 公斤，比上年减少 6 公斤，基本持平。

4. 大豆稳定增产

2018 年大豆播种面积 841.3 万公顷，比上年增加 16.8 万公顷，增幅 2.0%；总产 1596.7 万吨，比上年增加 68.5 万吨，增幅 4.5%；单产每公顷 1898.0 公斤，比上年增加 44.4 公斤，增幅 2.4%。

三　粮食生产地区布局

（一）从南北区域看

北方 15 省（区、市）：2018 年粮食播种面积 6836.8 万公顷，比上年减少 17.4 万公顷，减幅 0.3%；产量 38556.4 万吨，比上年减少 186.9 万吨，减幅 0.5%，该区域粮食产量占全国粮食总产的 58.6%。

南方 16 省（区、市）：2018 年粮食播种面积 4866.9 万公顷，比上年减少 77.8 万公顷，减幅 1.6%；产量 27232.9 万吨，比上年减少 184.4 万吨，减幅 0.7%，该区域粮食产量占全国粮食总产的 41.4%。

（二）从东西区域看

东部 10 省（市）：2018 年粮食播种面积 2520.2 万公顷，比上年减少 25.4 万公顷，减幅 1.0%；产量 15466.6 万吨，比上年减少 115 万吨，减幅 0.7%，该区域粮食产量占全国粮食总产的 23.5%。

中部 6 省：2018 年粮食播种面积 3467.6 万公顷，比上年减少 36 万公顷，减幅 1.0%；产量 20089.5 万吨，比上年增加 49 万吨，增幅 0.2%，该区域粮食产量占全国粮食总产的 30.5%。

西部 12 省（区、市）：2018 年粮食播种面积 3386.1 万公顷，比上年减少 47 万公顷，减幅 1.4%；产量 16901.3 万吨，比上年增加 257.7 万吨，增幅 1.5%，该区域粮食产量占全国粮食总产的 25.7%。

东北 3 省：2018 年粮食播种面积 2329.8 万公顷，比上年增加 13.3 万公顷，增幅 0.6%；产量 13332 万吨，比上年减少 563.1 万吨，减幅 4.1%，该区域粮食产量占全国粮食总产的 20.3%。

（三）从生态区域看

东北 4 省（区）：2018 年粮食播种面积 3008.8 万公顷，比上年增加 14.1 万公顷，增幅

0.5%；产量 16885.3 万吨，比上年减少 264.3 万吨，减幅 1.5%，该区域粮食产量占全国粮食总产的 25.7%。

西北 6 省（区）：2018 年粮食播种面积 1202.5 万公顷，比上年减少 12.4 万公顷，减幅 1.0%；产量 5758 万吨，比上年增加 145.5 万吨，增幅 2.6%，该区域粮食产量占全国粮食总产的 8.8%。

黄淮海 7 省（市）：2018 年粮食播种面积 3904.8 万公顷，比上年减少 24.9 万公顷，减幅 0.6%；产量 23580.6 万吨，比上年减少 31.1 万吨，减幅 0.1%，该区域粮食产量占全国粮食总产的 35.8%。

长江中下游 5 省（市）：2018 年粮食播种面积 1442.2 万公顷，比上年减少 30.7 万公顷，减幅 2.1%；产量 8755.8 万吨，比上年减少 65.6 万吨，减幅 0.7%，该区域粮食产量占全国粮食总产的 13.3%。

华南 4 省（区）：2018 年粮食播种面积 607.3 万公顷，比上年减少 6.6 万公顷，减幅 1.1%；产量 3212 万吨，比上年增加 7.7 万吨，增幅 0.2%，该区域粮食产量占全国粮食总产的 4.9%。

西南 5 省（区、市）：2018 年粮食播种面积 1538.2 万公顷，比上年减少 34.9 万公顷，减幅 2.2%；产量 7597.6 万吨，比上年减少 163.5 万吨，减幅 2.1%，该区域粮食产量占全国粮食总产的 11.5%。

（四）从产销区域看

主产区 13 省（区）：2018 年粮食播种面积 8831.2 万公顷，比上年减少 42.3 万公顷，减幅 0.5%；产量 51768.7 万吨，比上年减少 369.6 万吨，减幅 0.7%，该区域粮食产量占全国粮食总产的 78.7%。

主销区 7 省（市）：2018 年粮食播种面积 478.2 万公顷，比上年减少 3.2 万公顷，减幅 0.7%；产量 2785.9 万吨，比上年增加 18.8 万吨，增幅 0.7%，该区域粮食产量占全国粮食总产的 4.2%。

产销平衡区 11 省（区、市）：2018 年粮食播种面积 2394.3 万公顷，比上年减少 49.7 万公顷，减幅 2.0%；产量 11234.7 万吨，比上年减少 20.5 万吨，减幅 0.2%，该区域粮食产量占全国粮食总产的 17.1%。

四　主要粮食品种生产成本分析

（一）2018 年粮食成本收益情况

据全国价格主管部门成本调查机构的调查显示，与上年相比，2018 年我国三种粮食平均（稻谷、小麦和玉米平均，下同）单产小幅减少，成本小幅增加，价格小幅下降，亏损有所增加。

1. 单产小幅减少

2018 年我国粮食单产整体减少，具体品种有增有减。其中，早籼稻、中籼稻、晚籼稻和粳稻，由于主产区整体气候好于上年，单产增加；小麦和玉米，由于主产区遭遇干旱、阴雨或台风等不利天气，单产减少，尤其是多数小麦主产区遭遇恶劣天气，拔节、孕穗和灌浆期持续遭受不利影响，减产较多。三种粮食平均亩产449.3公斤，减产19.42公斤，减幅4.14%。其中，稻谷（早籼稻、中籼稻、晚籼稻和粳稻平均，下同）亩产491.88公斤，增产10.78公斤，增幅2.24%；小麦和玉米亩产分别为368.99公斤和487.02公斤，分别减产54.55公斤和14.51公斤，减幅分别为12.88%和2.89%。

2. 成本小幅增加

2018年三种粮食平均生产总成本和现金成本均有所增加。其中，每亩总成本1093.8元，增加12.2元，增幅1.13%；每亩现金成本526.5元，增加16元，增幅3.13%，自2004年以来连续第十五年上升。主要成本项目变动情况：①由于种子价格上涨，用量增多，种子费增加，亩均63.28元，增加0.85元，增幅1.36%；②由于化肥价格上涨，化肥费增加，亩均139.02元，增加8.12元，增幅6.2%；③由于机械化率提高，机械作业费增加，亩均148.81元，增加3.09元，增幅2.12%；④由于用工数量减少较多，虽然劳动力价格继续上涨，人工成本仍小幅减少，亩均419.35元，减少9.48元，减幅2.21%；⑤由于土地流转价格上涨，土地成本增加，亩均224.87元，增加9.29元，增幅4.3%。

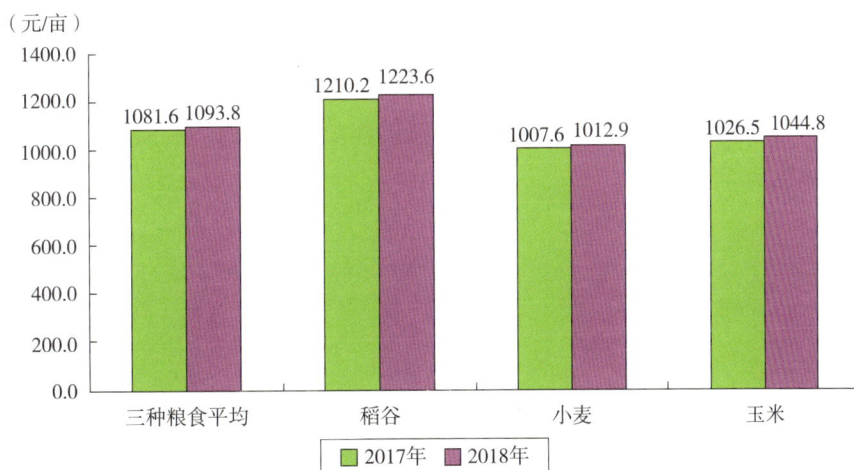

图 1-1 2017年和2018年三种粮食每亩总成本变化

3. 价格小幅下降

受市场整体供大于求和不利天气带来品质下降等多种因素影响，2018年粮食价格小幅下跌。三种粮食平均农户出售价格为每50公斤109.7元，下跌1.9元，跌幅1.72%。其中，稻谷、小麦分别为129.4元和112.2元，分别下跌8.4元和4.4元，跌幅分别为6.12%和3.78%；玉米为87.8元，上涨5.6元，涨幅6.86%。

4. 亏损有所增加

从净利润看，2018年三种粮食平均亏损

增加，每亩亏损 85.6 元，增加 73.1 元。从现金收益（不考虑家庭用工和自有土地机会成本）看，每亩 481.69 元，减少 76.85 元，减幅 13.76%。如果考虑对农业的补贴，每亩实际收益（现金收益加补贴收入）571.2 元，减

少 83.1 元，减幅 12.7%。其中，稻谷、小麦和玉米亩均实际收益分别为 735.6 元、435.4 元和542.7 元，分别减少 65.5 元、172.4 元和 11.2 元，减幅分别为 8.2%、28.4% 和 2%。

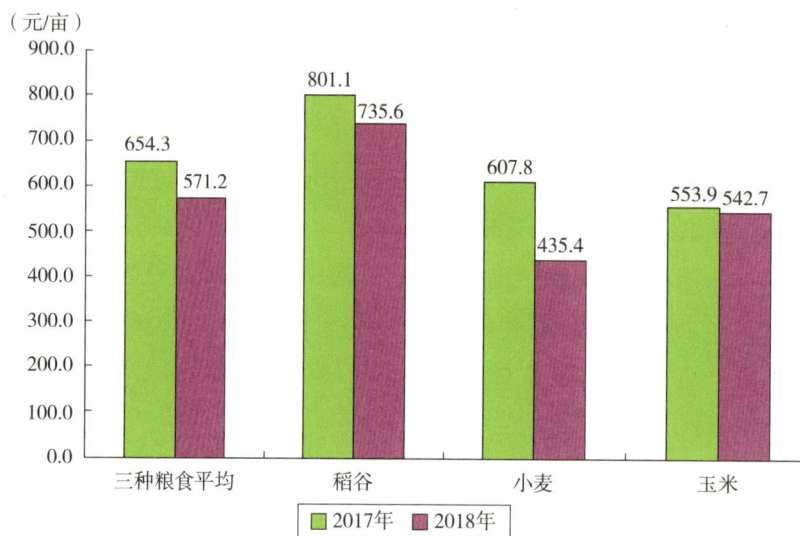

（元/亩）

图 1-2　2017 年和 2018 年三种粮食每亩实际收益变化

表 1-1　2018 年粮食成本收益比较（一）

单位：元

品种	每亩总成本		每亩净利润		每 50 公斤总成本		每 50 公斤平均出售价格	
	2017 年	2018 年	2017 年	2018 年	2017 年	2018 年	2017 年	2018 年
三种粮食平均	1081.6	1093.8	-12.5	-85.6	112.9	119.0	111.6	109.7
稻谷	1210.2	1223.6	132.6	65.9	124.2	122.8	137.9	129.4
早籼稻	1108.3	1115.3	18.9	-50.4	129.2	128.4	131.4	122.6
中籼稻	1230.6	1234.4	151.5	120.3	116.3	112.6	130.6	123.6
晚籼稻	1131.9	1153.5	103.1	58.6	129.8	128.3	141.6	134.8
粳稻	1370.1	1389.6	256.4	136.8	123.7	123.9	146.8	136.1
小麦	1007.6	1012.9	6.1	-159.4	115.9	133.1	116.6	112.2
玉米	1026.5	1044.8	-175.8	-163.3	99.1	104.1	82.2	87.8

表1-2 2018年粮食成本收益比较（二）

单位：元

品种	每亩现金成本		每亩实际收益（含补贴收入）		每50公斤现金成本	
	2017 年	2018 年	2017 年	2018 年	2017 年	2018 年
三种粮食平均	510.5	526.5	654.3	571.2	53.3	57.3
稻谷	624.9	649.6	801.1	735.6	64.2	65.2
早籼稻	543.5	564.2	664.6	580.9	63.4	64.9
中籼稻	545.0	566.1	922.7	875.0	51.5	51.6
晚籼稻	584.1	613.0	732.7	675.5	67.0	68.2
粳稻	826.8	855.2	884.5	811.1	74.6	76.2
小麦	481.7	494.7	607.8	435.4	55.4	65.0
玉米	425.0	435.1	554.0	542.7	41.1	43.3

（二）2018年粮食和主要经济作物效益比较

2018年我国粮食、棉花、油料、烤烟等主要农产品生产成本、价格和单产变化趋势均出现分化，影响主要农产品生产效益变化趋势也有所不同。具体来看，油菜籽、烤烟生产效益增加，粮食、棉花等农产品生产效益均有所下滑。

从2018年亩均实际收益水平看，粮食低于烤烟，高于棉花和油菜籽。其中，粮食与油菜籽的差距缩小，与棉花、烤烟的差距扩大。2018年粮食亩均实际收益1117.2元（按一年两季粮食作物计算，北方地区一亩小麦和一亩玉米的实际收益合计为978.1元，南方地区一亩早籼稻和一亩晚籼稻实际收益合计为1256.4元，平均每亩粮食实际收益为1117.2元），比烤烟少1296.7元，差距比上年扩大288.6元；比棉花多247.7元，优势比上年增加24.1元；比油菜籽多618.2元，优势比上年减少166.4元。

从2018年比较效益看，粮食相对棉花上升，相对油菜籽和烤烟下降。三种粮食平均与棉花的实际收益比（以棉花为1）从上年的0.62上升到0.66；与油菜籽和烤烟的实际收益比（分别以油菜籽和烤烟为1）分别从上年的1.32和0.29下降到1.14和0.24。

五 粮食生产能力建设

2018年，各地区、各有关部门深入贯彻落实党的十九大和党的十九届二中、三中全会精神，按照中央经济工作会议、中央农村工作会议和中央一号文件、政府工作报告的部署，落实高质量发展要求，推进农业供给侧结构性改革，坚持以我为主、立足国内、确保产能、适度进口、科技支撑的国家粮食安全战略，不断加强粮食生产能力建设，提升粮食生产水平，确保谷物基本自给、口粮绝对安全。

（一）强化粮食核心生产能力保护和提升

按照国务院印发的《关于建立粮食生产功能区和重要农产品生产保护区的指导意见》要求，有关部门研究制定了"两区"划定标准规范，明确重点品种、划定标准、操作流程，细化落实划定任务，强化划定督导检查，督促各地加快划定步伐，力争用 3 年时间完成 9 亿亩粮食生产功能区、2.38 亿亩重要农产品生产保护区划定任务。截至 2018 年底，各地区全部制定出台了实施意见和方案，"两区"划定任务全部分解到 2471 个县（市、区）和 268 个国有农场，各地累计划定"两区"9 亿多亩，其中稻谷、小麦生产功能区和大豆生产保护区率先基本完成划定任务，明确到具体地块，一大批资源条件较好的优势产区得到进一步保护。在抓好"两区"划定的同时，各地区、各有关部门按照《关于建立粮食生产功能区和重要农产品生产保护区的指导意见》提出力争用 5 年时间基本完成"两区"建设目标任务的要求，在农业生产能力建设、农业补贴政策等方面，不断加大对"两区"的支持力度，通过加强宣传引导、政策支持和细化管理等措施，大力推进"两区"核心产能建设，着力构筑新时期保障国家粮食安全和重要农产品有效供给的屏障。

（二）继续加强粮食主产区高标准农田建设

各地区、各有关部门按照党中央、国务院决策部署，深入实施藏粮于地、藏粮于技战略，按照《关于扎实推进高标准农田建设的意见》要求，不断加大工作力度，着力建立健全高标准农田建设工作机制、全程监管机制、建后管护机制和投融资创新机制，改进和加强高标准农田建、管、护等各个环节工作，进一步提升建设质量和水平，推动高标准农田建设迈上新台阶，改善粮食生产条件，提升粮食生产能力。按照有关文件要求，2018 年高标准农田建设资金重点向"两区"倾斜，大规模开展"两区"内的集中连片、旱涝保收、稳产高产、生态友好的高标准农田建设，为实现到 2020 年确保建成 8 亿亩、力争建成 10 亿亩高标准农田，确保国家粮食安全和保障重要农产品有效供给打下坚实基础。

一是根据国务院印发的《全国新增 1000 亿斤粮食生产能力规划》，安排中央预算内投资 165 亿元用于 800 个产粮大县田间工程建设，新建和完善灌排沟渠、桥涵闸等灌排渠系工程、集蓄水设施、机井维修配套、土地平整以及机耕道等田间工程设施，预计可建成 1375 万亩高产稳产粮田。

二是安排中央财政资金 500 亿元左右，继续实施农业综合开发高标准基本农田建设、土地整治和小型农田水利专项建设，改善粮食生产条件。

三是安排中央预算内投资约 145 亿元，用于大型灌区续建配套与节水改造、新建大型灌区工程、大型灌排泵站更新改造等项目建设，保障农业灌排用水需要，提高灌排保障能力和农业用水效率。

四是探索建设资金统筹整合长效机制，鼓励各地以高标准农田建设为平台开展涉农资金整合，探索不同渠道高标准农田建设资金的整合模式和经验，建立健全统筹安排使用建设资金的新机制，实现"多个渠道进水，一个池子蓄水，一个龙头出水"，形成高标准农田建设的合力。

五是加强高标准农田建后监管，依托国家土地监管平台，对不同渠道投资建设的高标准农田统一上图入库，形成全国"一张图"，实现精准管理、动态监管。健全高标准农田建后管护长效机制，将田间设施交由合作社、村民自治组织和种粮大户主体自建自管，确保长期发挥效益。初步统计，在各地区、各有关部门的共同努力下，2018年预计可建成高标准农田约8000万亩，项目区粮食平均产能提高10%以上，亩均粮食产量增加100公斤左右，提高了粮食生产水平，促进了农民增收，为实现全年粮食稳产奠定了坚实基础。

（三）加快推进现代农作物种业发展

2018年，各有关部门、相关省区继续做好国家级杂交玉米、杂交水稻制种基地和南繁育制种基地建设。国家安排中央预算内投资支持甘肃、四川等有关省份实施土地平整、农田水利、田间道路和农田防护林等工程建设，集中连片改造制种田，配套建设种子监管和服务体系，改善育制种条件，提高杂交玉米和水稻种子标准化、规模化生产水平和市场监管检测能力，增强良种供应保障能力，加快新品种培育，提高种子质量水平，保障粮食生产用种需要。积极推动南繁科研育种基地建设项目前期工作，充分发挥海南独特的光热资源优势，搭建科研育种平台，改善科研实验、制种田和种子检测等设施条件，提升科研育种手段和能力。继续安排中央预算内投资实施农作物良种工程建设，加强农作物种质资源开发利用、品种改良中心、良种繁育基地、区域试验站等公益性、基础性设施建设，促进现代农作物种业的发展。开展粮食生产重大科技攻关、现代农业产业技术体系建设和粮食高产创建整县推进，加快优良品种和先进栽培技术的推广应用。实施植物保护能力提升工程，加强粮食生产病虫害防控。在各方面共同努力下，粮食作物种业稳步发展，粮食生产科技水平稳步提升，2018年全国粮食单产继续保持稳中略增的态势。

第二部分
粮食市场供求与价格

一 粮食市场总体概述

2018 年我国粮食需求持续增加，但总体仍供大于求，结构性矛盾依然突出。分品种看，玉米种植面积和产量连续第三年下降，玉米市场活跃度持续提高，价格重心逐渐上移；稻谷最低收购价格连续第三年下调，稻谷市场价格总体水平下降；受不利天气影响，小麦产量有所下降，托市收购量和市场化收购量均明显减少，小麦最低收购价下调，小麦价格水平总体低于上年；国产大豆种植面积和产量继续增加，价格有所下行。

2018 年全球粮食产量下降，支持全球谷物市场价格回升，企业进口利润减少，粮食进口量下降。2018 年我国粮食进口 1.16 亿吨，低于上年的 1.31 亿吨。其中谷物进口 970 万吨，同比减少 141 万吨；大豆进口 8803 万吨，同比减少 750 万吨。分品种看，国内小麦、稻米市场价格均呈下降趋势，国内外粮食进口价差缩小，进口量下降；国际玉米市场价格维持低位运行，国内玉米价格上涨，刺激国内厂商采购增加，也增加了部分玉米进口；受非洲猪瘟疫情影响，蛋白粕需求下滑，大豆进口量七年来首次下降。

二 小麦市场供求与价格

（一）小麦市场供给和需求情况

1. 小麦产量下降

据国家统计局数据，2018 年全国小麦播种面积为 2427 万公顷，同比减少 24 万公顷，其中冬小麦播种面积 2261 万公顷，同比减少 26 万公顷。2017 年冬小麦播种期偏晚致使入冬前苗情偏弱，冬季气候干旱不利于小麦分蘖，2018 年 4 月河南、山东局部地区小麦受冻害影响，出穗数较少，同时河南南部、湖北北部、安徽中南部小麦收割期间又经历持续降水过程，影响了小麦单产。2018 年全国小麦单位面积产量为每公顷 5417 公斤，同比减少 65 公斤，其中，冬小麦单位面积产量为每公顷 5497 公斤，同比减少 90 公斤；2018 年全国小麦产量 13144 万吨，同比减少 289 万吨，其中冬小麦产量 12501 万吨，同比减少 294 万吨。

2. 小麦消费量增加

随着我国城镇化率提高，全国小麦食用消费量小幅减少。同时，2018 年夏收期间河南、湖北、安徽等地受连续降水影响，芽麦数量多于上年，部分发芽率较高的小麦只能用于饲料生产，小麦饲用消费量增加。国家粮油信息中心测算，2018 年国内小麦消费总量为 12880

万吨，同比增加 531 万吨，增幅 4.3%。其中，食用消费 9280 万吨，同比减少 20 万吨，减幅 0.2%；饲料消费 1800 万吨，同比增加 300 万吨，增幅 20%；部分小麦真菌毒素超标严重，面粉企业及饲料企业难以收购使用，只能用于工业消费，全国小麦工业消费 1200 万吨，同比增加 250 万吨，增幅 26.3%。

3. 小麦进口量减少

2018 年我国优质小麦播种面积增加，市场供应量充足，国产优质小麦价格低于上年同期，同时受澳大利亚等主产国减产影响，国际小麦价格呈上涨态势，进口小麦利润空间缩小，本年度小麦进口量低于上年度。据海关总署统计，2018 年我国进口小麦 310 万吨，同比减少 132 万吨，减幅 30%。

（二）小麦市场价格走势及成因

1. 新麦上市前小麦价格持续下行

2018 年，我国主产区小麦供需总体略宽松，小麦价格阶段性特征明显。2018 年 1 月 8 日，国家粮食交易中心公告显示，自 2018 年 1 月 16 日起，部分政策性小麦销售底价下调。其中 2014~2016 年最低收购价小麦（三等）拍卖底价由 2460 元 / 吨调整至 2410 元 / 吨，下调 50 元 / 吨。这是自 2006 年以来的首次下调。华北地区普通小麦平均进厂价格由 1 月 2 日的 2623 元 / 吨，降至 1 月 11 日的 2593 元 / 吨；1 月中旬开始，小麦市场粮源供应偏紧，春节前面粉企业开机率提高，补库需求较旺，同时雨雪天气影响了物流，小麦价格止跌企稳。1 月中旬至 3 月上旬，小麦价格稳定在 2595 元 / 吨左右。3 月上旬，市场传言政策性小麦销售底

价将继续下调，小麦价格开始下跌。4 月 4 日，国家粮食交易中心公告显示，自 4 月 18 日起将 2014~2016 年产最低收购价三等小麦销售底价调整为 2350 元 / 吨，下调 60 元 / 吨，两次销售底价累计下调 110 元 / 吨。同时储备小麦轮出，市场供给增加，加之临近新麦上市，面粉企业普遍降低库存，收购意愿不强，小麦价格持续回落。华北地区普通小麦平均进厂价格由 3 月 6 日的 2588 元 / 吨，回落至 5 月 15 日的 2476 元 / 吨。

2. 上市初期产区优质新麦价格高开高走

5 月下旬开始新季小麦集中上市，市场行情短期回落。收获期间的强降雨致使豫南、苏皖鄂地区小麦赤霉病严重。由于小麦质量参差不齐，新麦上市初期，市场价格波动较大，湖北地区普通小麦经过烘干后装车发运价格在 2000~2200 元 / 吨；华北地区普通小麦装车价格在 2280~2360 元 / 吨。随着收割范围扩大，企业对新小麦产量、质量担忧加重，加上最低收购价小麦竞价交易暂停，市场看涨后市小麦价格的预期增强，农户及贸易商惜售心理较重，贸易商、制粉企业和各级储备企业等收购主体积极入市收购。6 月新小麦大量上市后，华北地区新小麦价格快速走高，很快高于最低收购价。华北地区普通小麦平均进厂价格由 6 月上旬的 2340 元 / 吨上涨至 6 月下旬的 2464 元 / 吨。

3. 6 月下旬至 8 月新麦价格止涨企稳

6 月下旬，新小麦累计上涨 120~150 元 / 吨，多地新小麦进厂价格已接近拍卖粮到厂成本，达到贸易商心理预期。同时受恢复拍卖时间不确定以及托市价格可能再次调整等预

期影响，为规避风险，贸易商售粮意愿显著增强。与此同时，面粉企业库存水平比小麦上市初期有所好转，华北地区部分大型面粉企业建立了 20~30 天的新小麦库存，普通小麦价格趋稳，平均进厂价格稳定在 2450 元 / 吨左右。

4. 8 月下旬至 11 月中旬小麦价格稳步上行

8 月下旬至 11 月中旬，随着收购工作进行，市场新小麦数量不断减少，陈麦逐步消耗，加之天气转凉及国庆节、中秋节等节日提振面粉消费，小麦价格开始稳步上涨，华北地区普通小麦平均进厂价格由 8 月下旬的 2488 元 / 吨，上涨至 11 月上旬的 2540 元 / 吨。

5. 公布 2019 年小麦最低收购价后，市场价格应声回落

11 月 16 日，国家公布 2019 年小麦最低收购价格为每 50 公斤 112 元，比 2018 年下调 3 元，这是第 2 次下调小麦最低收购价。此消息公布后，贸易商预期后市小麦价格大幅上涨可能性不大，售粮积极性提高，各地面粉企业小麦日到货量明显增加。同时市场预期最低收购价格下调后，政策性小麦拍卖底价将会随之下调，普通小麦价格有所回落。华北地区普通小麦平均进厂价格由 11 月中旬的 2542 元 / 吨回落至 12 月底的 2490 元 / 吨。

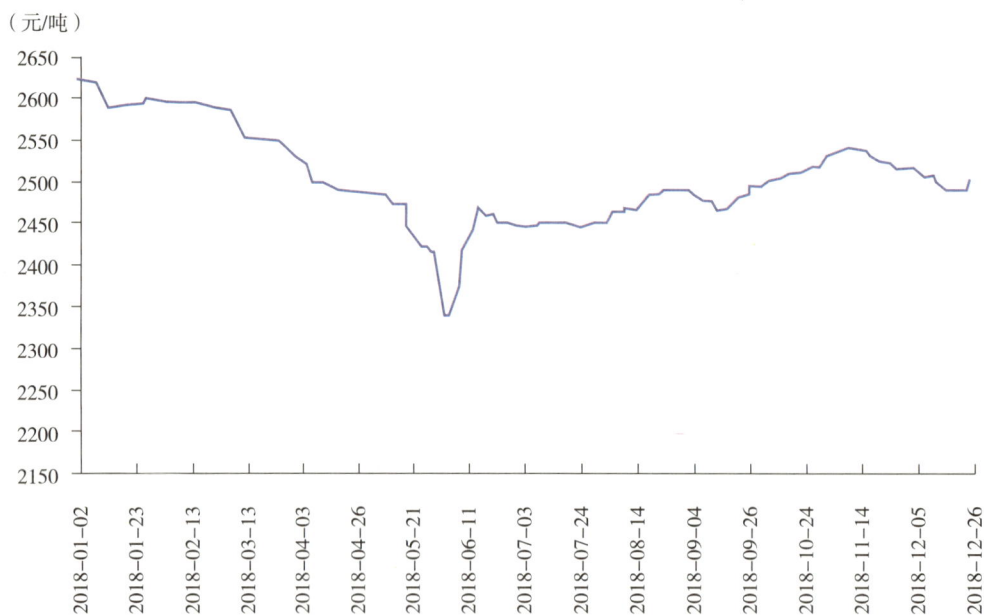

图 2-1　2018 年华北地区小麦平均进厂价

注：小麦为普通小麦。

三　稻谷市场供求与价格

（一）稻谷市场供给和需求

1. 稻谷产量下降，仍处于历史较高水平

据国家统计局数据，2018 年全国稻谷播种面积为 3018.9 万公顷，同比减少 55.8 万公顷，降幅 1.8%；稻谷单位面积产量为每公顷 7027 公斤，同比增加 110 公斤，增幅 1.6%；稻谷产量为 21213 万吨，同比减少 54.6 万吨，减幅 0.26%。

（1）早稻播种面积和产量下降，单产增加。2018 年农业供给侧结构性改革深入推进，农民主动调整种植结构，休耕轮作面积增加，早稻播种面积减少。据国家统计局数据，2018 年全国早稻播种面积为 479.1 万公顷，同比减少 35 万公顷，减幅 6.8%。早稻生长期间，南方主产区光热充足、温高雨少，稻穗结实率提高，早稻单产增加。早稻单位面积产量为每公顷 5967 公斤，同比增加 157 公斤，增幅 2.7%；早稻总产量为 2859 万吨，同比减少 128 万吨，减幅 4.3%。2018 年早稻总产量占稻谷总产量的比例为 13.5%。

（2）中晚稻播种面积减少，单产和产量增加。据国家统计局数据，2018 年全国中晚稻播种面积为 2539.8 万公顷，同比减少 20.8 万公顷，减幅 0.8%；中晚稻单位面积产量为每公顷 7226 公斤，同比增加 87 公斤，增幅 1.2%；中晚稻总产量为 18354 万吨，同比增加 73.5 万吨，增幅 0.4%。

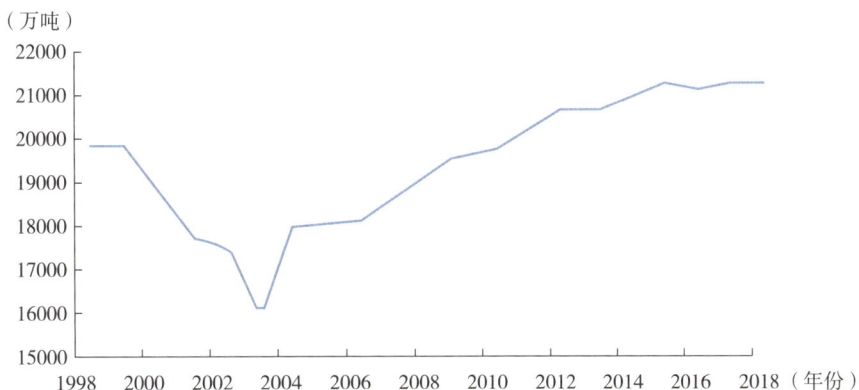

图 2-2　1998~2018 年中国稻谷产量

2. 大米进口减少、出口增加

受汇率、价格波动、贸易政策以及宏观经济形势等因素影响，近些年我国大米进出口量波动特征明显。据海关总署统计，2012 年以来，我国大米进口量迅速上升，2012 年大米进口 235 万吨，比 2011 年的 57.8 万吨增长

约 4 倍，而 2012 年大米出口仅 28 万吨。近三年大米进口量增势明显，2015~2017 年我国大米进口量分别为 335 万吨、356 万吨、403 万吨，而对应大米出口量依次为 28.7 万吨、39.5 万吨、119.7 万吨。2018 年我国大米进口量出现近 6 年来首次下降，大米出口量同比增加。据海关总署统计，2018 年我国大米进口 308 万吨，同比减少 95.1 万吨，减幅 23.6%；大米出口 208.9 万吨，同比增加 89.1 万吨，增幅 74.4%。

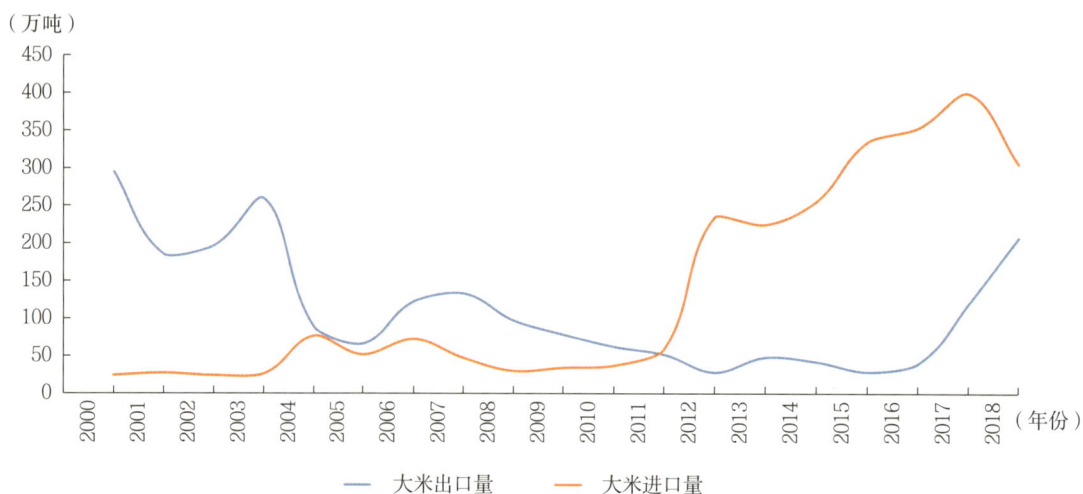

图 2-3　2000~2018 年中国大米进口量和出口量

3. 稻谷需求增长平稳

我国稻谷消费总量及食用消费量历年波动幅度较小。国家粮油信息中心测算，2018 年我国稻谷消费总量为 19064 万吨，同比增加 231 万吨，增幅 1.23%。其中食用消费 15880 万吨，同比减少 20 万吨，减幅 0.13%；饲料消费及损耗 1450 万吨，同比增加 50 万吨，增幅 3.57%；工业消费 1600 万吨，同比增加 200 万吨，增幅 14.29%。2018 年我国城乡居民消费结构继续升级，肉蛋奶消费呈增长趋势，人均口粮消费呈下降趋势；饲料及工业领域消费呈增长趋势明显，主要因为部分不宜食用稻谷转入饲料及工业消费领域，综合口粮、饲料、工业、出口等方面，2018 年稻谷消费平稳略增。2018 年稻谷"去库存"相对缓慢，稻谷市场仍维持产大于需格局，但库存增速有所放缓。国家粮油信息中心测算，2018 年全国稻谷结余量为 2430 万吨，同比减少 261 万吨。随着城镇化水平提高、城乡居民收入的增加，食物消费结构快速升级，稻谷精深加工能力不断增强，稻米消费结构将进一步优化。

（二）2018 年稻米市场价格走势与成因

稻谷是关乎民生的重要口粮品种，价格受国家政策影响较大。2018 年，稻谷最低收购价全面下调，早籼稻、中晚籼稻和粳稻最低收购价分别为 2400 元/吨、2520 元/吨和 2600 元/吨，比 2015 年稻谷最低收购价高点分别下降 11%、8.7% 和 16%。受稻谷市场供大于求、最低收购价及销售底价下调等影响，2018 年主产区稻谷市场价格呈现回落走势，为近三年来最大降幅。

1. 早籼稻价格呈现"低开高走"格局

2018 年 7 月，新早稻陆续上市，南方新早籼稻开秤价仅 2100~2200 元 / 吨，同比下降 200~300 元 / 吨，低于 2018 年最低收购价，最低收购价政策回归托底功能。8 月，早籼稻市场供应偏紧，符合收购标准质量要求的早籼稻数量偏少，市场收购价格上涨。8 月末，国标三等早籼稻收购价格为 2300~2750 元 / 吨，多数主产区早籼稻价格高于早籼稻最低收购价。

2. 中晚籼稻价格整体回落

2018 年中晚籼稻市场价格整体回落。一季度，2017 年度中晚籼稻最低收购价政策执行期结束后，政策对中晚籼稻价格的支撑作用减弱，加之地方储备轮换粮源出库量增加，中晚籼稻价格回落。2018 年 3 月下旬，国家开始对 2013 年、2014 年政策性中晚籼稻进行竞价交易，销售底价既低于当前新粮市场价，也低于部分地方稻谷储备轮出价，加工企业采购积极。二季度，政策性稻谷和地方储备轮换稻谷持续供应市场，中晚籼稻价格稳定在 2600 元 / 吨左右。三季度，新中籼稻陆续上市，价格回落，中籼稻主流收购价格集中在 2200~2400 元 / 吨，低于上年同期的 2500 元 / 吨，也低于 2520 元 / 吨的最低收购价水平。价格低开的主要原因：一是受南方局部高温天气影响，新稻谷出米率低、破碎率和腹白较高。二是国家稻谷"去库存"步伐加快，政策性稻谷拍卖出库相对集中，市场供给充裕。三是稻谷最低收购价大幅下调，2018 年产中晚籼稻最低收购价格为 2520 元 / 吨，降幅 7.4%。四季度，新中晚籼稻大量上市，安徽、湖北、河南、四川、湖南、江西 6 省启动中晚稻最低收购价收购预案，主产区普通中晚籼价格稳定在 2340~2520 元 / 吨。2018 年底，中晚籼稻最低收购价为 2520 元 / 吨，市场收购价为 2440~2500 元 / 吨，优质品种收购价格为 2700~2960 元 / 吨。

3. 粳稻价格整体回落

2018 年初，粳稻市场收购价为 2900~3000 元 / 吨。2 月初，国家下调粳稻最低收购价至 2600 元 / 吨，3 月下旬下调 2013 年、2014 年产粳稻销售底价至 2400 元 / 吨，粳稻市场价格回落。二季度部分政策性稻谷和地方储备轮换稻谷进入市场流通，粳稻价格继续下跌。9 月下旬东北地区新季粳稻开始收获，开秤价同比下降 250~350 元 / 吨，11 月，仅黑龙江启动粳稻最低收购价收购预案，其他粳稻产区以市场化收购为主，启动时间较上年推迟。2018 年底，主产区普通粳稻市场价格逐渐趋稳，价格稳定在最低收购价附近。

4. 大米市场价格整体回落，优质优价特征明显

2018 年国内"稻强米弱"格局延续。前三季度大米市场"旺季不旺"，市场整体呈现供需宽松格局，大米消费需求平淡。一季度，受节日消费需求影响，销区大米市场价格上涨。二季度、三季度南方地区出现高温天气，大米需求转淡，加上政策性稻谷大量投放和储备稻谷的轮出，市场供应宽松，国内大米价格

总体承压下行。四季度，新大米陆续上市，价格同比偏低，随着新大米市场供应量的增加，销区普通大米价格继续回落，优质大米价格坚挺。

四 玉米市场供求与价格

（一）玉米供给和需求状况

2016 年玉米收储制度改革以来，国内玉米播种面积连续三年下降。受春旱和伏旱影响，玉米单产和总产稳中略降，仍处于历史较高水平。同时，玉米深加工产能进一步扩大，消费需求继续保持增长态势，连续两年出现产需缺口，为进一步加快不合理库存消化提供了空间。

1. 玉米产量稳中有降

2015 年 11 月，原农业部出台《关于"镰刀弯"地区玉米结构调整的指导意见》，力争到 2020 年"镰刀弯"地区玉米种植面积稳定在 1 亿亩，比 2015 年减少 5000 万亩以上。据国家统计局数据，2018 年全国玉米播种面积比 2015 年减少 284 万公顷，减幅 6.31%，国家调减玉米种植面积的目标基本实现。2018 年玉米生长期遭遇干旱天气，受"春旱"和"伏旱"影响，部分地区改种大豆，玉米种植面积减少；同时部分地区补种二茬苗，影响玉米收获时的整体成熟度。据国家统计局数据，2018 年玉米种植面积为 4213 万公顷，同比减少 27 万公顷，减幅 0.64%；单位面积产量为每公顷 6104 公斤，同比减少 6 公斤，减幅 0.10%；玉米产量为 25717 万吨，同比减少 190 万

吨，减幅 0.73%，仍保持相对较高的历史水平。

2. 玉米进口增加，出口减少

2018 年国际玉米价格维持低位，国内玉米价格呈上涨趋势，国内外价差较大，玉米进口数量增加。2018 年我国进口玉米 352 万吨，同比增加 70 万吨，增幅 25%。玉米出口量较少，当年出口 1.20 万吨，同比减少 7.4 万吨，减幅 86.05%。

3. 玉米需求明显增加

国家粮油信息中心测算，2018 年国内玉米消费量为 28291 万吨，同比增加 502.5 万吨，增幅 1.8%。其中玉米饲料消费 18500 万吨，与上年基本持平；工业消费 7800 万吨，同比增加 500 万吨，增幅 6.8%。2018 年玉米深加工产能继续扩张，预计在 1.1 亿吨左右，同比增加约 1000 万吨。高粱、大麦进口减少 750 万吨左右，利于促进国内玉米消费。

（二）玉米市场价格走势

2018 年国内主产区玉米价格波动幅度较大，月度最低价出现在 8 月的 1756 元 / 吨，最高价为 3 月的 1898 元 / 吨，阶段性及区域性行情特征明显。

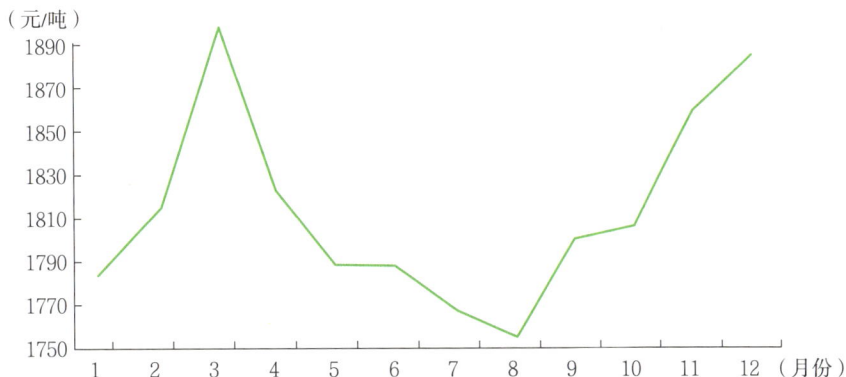

图 2-4　2018 年国内玉米主产区月度均价走势

1. 1~3 月国内玉米价格持续上涨

2017 年新玉米上市后，多元主体入市积极，农民售粮进度较快，贸易商存粮估计超过 2000 万吨。同时，2017 年华北地区受灾，玉米品质较差，无法满足饲料厂和国储库轮入的质量要求，饲料厂积极采购东北优质玉米，通过"代储"和"自储"方式建立大量远期库存，估计数量在 500 万~1000 万吨，个别大型饲料企业"代储"超过 100 万吨。同时，国储库集中到东北采购储备轮入玉米，增加了对东北玉米需求。

2018 年元旦前，加工企业收购数量偏少，为补充库存，春节前后开始提价收购，由于前期玉米销售进度偏快，主产区玉米价格持续上涨。加工企业提价收购总体处于"有价无市"状态。2018 年 1 月，主产区玉米月度均价为 1784 元 / 吨；2 月涨至 1815 元 / 吨，环比涨幅 1.74%；3 月继续涨至 1898 元 / 吨，创 2018 年月度最高均价，环比涨幅 4.57%。

2. 4~8 月玉米价格持续下降

在 1~3 月价格持续上涨的同时，利空因素不断积聚。一是中储粮连续释放国储轮换玉米，市场看涨预期趋弱，贸易商出货意愿增强；二是市场传言国家将提前启动临储玉米拍卖。4 月 4 日，国家粮食交易中心发布公告，4 月 12 日启动国家临储玉米竞价销售，玉米市场价格随之下降。4 月玉米主产区月度均价为 1823 元 / 吨，创单月最大降幅，8 月降至 1756 元 / 吨，累计下降 67 元 / 吨，降幅 3.67%。临储玉米拍卖有效增加了市场供应，稳定了市场价格。

3. 9~12 月玉米价格持续上涨

2018 年 9 月，华北玉米开始收获上市，市场预期玉米减产，产需缺口可能扩大，开秤价比上年高 150 元 / 吨左右，新玉米市场价格总体呈现"高开高走"态势。10 月东北地区气温偏高，利于二茬苗生长，东北玉米收获期整体延迟 25 天左右。新玉米上市初期，多元主体积极提价收购，但收购量不大，玉米市场"有价无市"，农民惜售心理较重。据国家粮食和物资储备局统计，截至 2018 年 12 月 31 日，主产区累计收购玉米 4322 万吨，同比减少 1761 万吨，销售进度明显偏慢。由于临储拍卖玉米市场供应量较大，贸易商和加工企业库存较为充足，新玉米上市推迟没有影响企业生产。9 月后，主产区玉米市场价格持续上涨，利于拍卖成交玉米出库。

2018 年 9 月，主产区玉米月度均价为 1801 元 / 吨，环比上涨 45 元 / 吨，涨幅 2.56%；10 月涨至 1807 元 / 吨，小幅上涨 6 元 / 吨，涨幅 0.33%；11 月继续涨至 1860 元 / 吨，上涨 53 元 / 吨，涨幅 2.93%；12 月涨至 1884 元 / 吨，上涨 24 元 / 吨，涨幅 1.29%。总体来看，2018 年新玉米上市后，11 月涨幅相对较大，主要在于农民惜售。

五 大豆市场供求与价格

中美经贸摩擦发生后，2018 年我国对美国大豆加征进口关税，自美国进口大豆数量大幅减少，从巴西、俄罗斯等国大豆进口数量增加，加上我国大豆连续第三年增产，国家投放临储大豆 200 万吨，弥补了美国大豆进口减少留下的部分缺口。2018 年国内生猪养殖持续亏损，加上非洲猪瘟疫情影响，饲料原料消费需求下降，豆粕需求减少，我国大豆进口量 7 年来首次出现下滑。

（一）全球大豆库存超过 1 亿吨

据美国农业部数据，预计 2018/2019 年度全球大豆总产量为 36058 万吨，同比增加 1891 万吨。其中，美国 12366 万吨，同比增加 359 万吨；巴西 11700 万吨，同比减少 500 万吨；阿根廷 5500 万吨，同比减少 1720 万吨。全球大豆消费量为 34911 万吨，同比增加 1053 万吨，由于消费量低于产量，全球大豆期末库存增至 10717 万吨，同比增加 812 万吨，市场供应充裕。

预计 2018/2019 年度全球大豆出口量为 15118 万吨，同比减少 208 万吨。受中国对美国大豆加征 25% 进口关税影响，美国大豆出口 5103 万吨，同比减少 692 万吨，期末库存升至 2449 万吨，同比增加 1257 万吨，增幅 105.5%，供过于求压力巨大。

（二）我国大豆产量连续第三年增加

据国家统计局数据，2018 年我国大豆播种面积为 841.3 万公顷，同比增加 16.8 万公顷，内蒙古、吉林、河南、山东、安徽五省（区）共增加 26.8 万公顷，为全国大豆增产奠定良好基础。我国大豆种植面积已连续三年增加，累计增加 157 万公顷，增幅 23%。2018 年大豆生长期天气状况总体良好，大豆平均单产为每公顷 1898 公斤，同比增长 2.4%，在播种面积增加和单产提高的情况下，2018 年我国大豆总产量为 1597 万吨，同比增加 69 万吨，为 2006 年以来的最高水平。

（三）临储大豆投放增加市场供给

2018 年 6 月 14 日，国家粮食交易中心启动临储大豆竞价销售工作，累计20批次565万吨竞价销售计划，实际成交201万吨，其中2013年产大豆198万吨，2012年产大豆2.7万吨。起拍价格为国标三等3000元/吨，相邻等级价差40元/吨。由于临储拍卖价格较低，市场主体参与拍卖积极性较高，特别是9月以后市场担忧大豆进口减少，成交量一直维持在80%以上。临储大豆竞价销售，对保障市场供应稳定市场预期发挥了积极作用。

（四）2018年大豆进口量七年来首次下降

2018年我国大豆进口8803万吨，同比减少749.5万吨，为2012年来首次下降，主要在于国内豆粕消费需求减少。2018年4月4日，我国政府宣布将对原产于美国的大豆加征25%关税，美国大豆进口成本急剧上升，国内企业一度停止美国大豆采购。2018年我国从美国进口大豆1664万吨，同比减少49.4%，占进口总量的18.9%，占过去五年进口均值的37.3%；从俄罗斯进口大豆82万吨，同比增长64.4%；从巴西进口大豆6608万吨，同比增长29.8%，占比75.1%，达到历史最高水平；从阿根廷进口146.4万吨，同比减少77.8%；加上从乌拉圭的进口量，我国从南美国家进口大豆占比达78.1%。

（五）豆粕消费需求下降

国家粮油信息中心测算，2018/2019年我国蛋白粕饲用消费8590万吨，同比减少287万吨，减幅3.2%；其中饲用豆粕消费6600万吨，同比减少410万吨，减幅5.8%。2018年我国豆粕消费需求下降的主要原因：一是下半年非洲猪瘟疫情暴发，主产省生猪价格大幅下滑，生猪存栏量减少，母猪淘汰进度加快，减少了饲料消费需求。二是中国饲料工业协会发布《仔猪、生长育肥猪配合饲料》《蛋鸡、肉鸡配合饲料》2项标准，调整饲料中蛋白添加比例，减少了对豆粕的依赖。三是2018年国家有关部门下调东南亚国家大豆进口关税；允许印度菜粕进口；对包括菜粕、花生粕、棉籽粕、亚麻籽粕、葵花籽粕、椰子粕和棕榈仁粕等杂粕进口实施零关税。以上措施利于扩大杂粕进口，增加蛋白粕进口来源，减少养殖业对豆粕的依赖。

（六）2018年大豆市场价格走势

2018年全球大豆供应充足，大豆库存量增加，中美发生经贸摩擦，中国转向其他国家采购大豆，造成美国大豆库存大幅增加，美国CBOT大豆期价下跌。国产大豆连续三年增产，加上临储大豆投放，国产大豆供应充足，价格震荡下行。

1. 国际大豆市场价格走势

2018年1~3月，阿根廷大豆生长期遭遇干旱天气，大豆单产持续下调，全球大豆供应趋紧的预期加强，推动美国CBOT大豆期价快速上涨。3月2日CBOT大豆期价涨至1082美分/蒲式耳，比1月1日上涨12.5%，创13个月新高。此后中美经贸摩擦持续，大豆价格在各种消息影响下震荡调整，3月初至5月底美国CBOT大豆期价在1000~1080美分/蒲式耳区间运行。

6月以后，美国大豆产区天气状况良好，市场预计美国大豆单产远超上年，同时受中美经贸摩擦影响，市场对美国大豆出口前景的悲观情绪不断发酵，导致 CBOT 大豆期价大幅走低，9 月 13 日美国 CBOT 大豆期价跌至 812 美分 / 蒲式耳，较 5 月底累计下跌 22.6%，创 2008 年 12 月以来新低。

9 月美国 CBOT 大豆期货价格跌破种植成本后触底反弹，加上南美大豆库存快速减少，中美两国适时展开贸易谈判，价格震荡上行。12 月底美国 CBOT 大豆期价升至 894 美分 / 蒲式耳，较 9 月 13 日低点累计上涨 10.1%。

2. 国产大豆市场价格走势

国产大豆主要用于食用消费，每年食用消费增幅稳定在 50 万吨左右。2018 年新大豆收购价格持续走低，2 月黑龙江地区食用大豆收购价格为 3600~3640 元 / 吨，较 2017 年 10 月下跌 120 元 / 吨。3~5 月农户余粮减少及贸易商囤货，国产大豆价格小幅上涨 20~40 元 / 吨，价格维持在 3620~3660 元 / 吨。

6 月临储大豆竞价销售开始，2013 年产国标三等临储大豆拍卖底价为 3000 元 / 吨，价格明显低于市场价格，国产大豆现货价格下滑。8 月中旬国产大豆收购价格为 3580~3620 元 / 吨，较 5 月下跌 40~60 元 / 吨。8 月中旬国内豆粕价格大幅走高，市场预期国产大豆压榨消费需求增加，贸易商和油厂开始提价收购国产大豆，10 月上旬国产大豆价格为 3640~3680 元 / 吨。10 月以后新季大豆上市后价格持续走低，12 月底黑龙江地区国产大豆收购价格为 3520~3560 元 / 吨，较 10 月上旬下跌 120 元 / 吨左右。

六 食用油市场供求与价格

2018 年我国油菜籽等油料产量小幅下滑，但大豆连续第三年增产。由于国内大豆需求减少，进口量大幅下降，食用油籽进口量降至 9449 万吨，同比减少 7.4%；2018 年食用植物油进口 742.8 万吨，同比增长 7.9%，进口油籽折油和直接进口食用油总量为 2613 万吨，同比减少 5.1%。临储菜油和大豆继续投放市场，增加油脂供应，国内油脂市场供应充裕。

（一）油料产量下滑，油籽总产量小幅增加

2018 年我国油料（不包含棉籽和大豆）总产量为 3433 万吨，同比减少 1.2%。油菜籽总产量为 1328 万吨，同比增加 0.1%，花生总产量 1733 万吨，同比增加 1.4%。

2018 年各地继续调减非优势区玉米播种面积，扩大大豆面积。内蒙古、吉林、河南、山东、安徽五省（区）采取加大生产者补贴等措施扶持大豆生产。2018 年国家对新疆地区实施棉花目标价格补贴政策，调动了棉农生产积极性，新疆棉花种植面积较上年增加 12.4%，带动全国棉花种植面积增加 4.9%，达 335.2 万公顷，全国棉花平均单位面积产量为每公顷 1819 公斤，创历史最高纪录，棉花产量 610 万吨，同比增长 7.8%。其中新疆棉花产量 511 万吨，占比 83.8%，同比增长 3%。国家粮油信息中心测算当年棉籽总产量为 1098 万吨，同比增

长 7.9%。

2018 年我国油籽总产量（油料加上大豆和棉籽）为 6137 万吨，同比增加 116 万吨，增幅 1.9%。扣除油籽种子、食用和出口，2018 年国产油籽折油总量在 1250 万吨左右（包括玉米油、米糠油等其他非油籽作物产油）。

（二）进口油籽折油量减少，植物油进口量增加

2018 年我国进口食用植物油及进口油籽折油总量为 2613 万吨，比上年减少 140 万吨。其中进口食用植物油数量增加，大豆进口量大幅减少致使进口油籽折油数量下降。

2018 年我国进口食用植物油（包含棕榈油硬脂）742.8 万吨，同比增长 7.9%。其中，进口棕榈油 532.7 万吨，同比增加 24.8 万吨，增幅 4.9%；进口豆油 54.9 万吨，同比减少 10.5 万吨，减幅 16.0%；进口菜籽油 129.6 万吨，同比增加 53.9 万吨，增幅 71.2%；进口葵花油和红花油 70.3 万吨，同比减少 4.2 万吨，减幅 5.7%。

2018 年我国进口食用油籽（含大豆和棉籽）9449 万吨，同比减少 7.4%。进口食用油籽折油量在 1870 万吨左右，同比减少 7.0%。其中，进口大豆 8803 万吨，同比减少 749 万吨，减幅 7.9%；进口油菜籽 476 万吨，同比增加 0.8 万吨，增幅 0.2%；进口其他食用油籽 170 万吨，与上年基本持平，主要是芝麻进口，占 48%。

（三）油脂油料消费需求持续增加

国家粮油信息中心测算，2018 年我国油脂食用消费量为 3440 万吨，同比增加 63 万吨，增幅 1.9%。其中豆油消费量 1525 万吨，同比减少 5 万吨，减幅 0.3%。菜油食用消费量 855 万吨，同比减少 10 万吨，减幅 1.2%。棕榈油食用消费量 370 万吨，同比增加 50 万吨，增幅 15.6%，国内豆油产量下滑，需要增加棕榈油进口来弥补供应缺口。棉油食用消费量 112 万吨，同比增加 2 万吨，增幅 1.8%。

2018 年国内豆油产量下降，但菜油、棕榈油进口量增加及临储菜油持续投放市场弥补了供应缺口，油脂供应总体充裕。随着我国经济社会的发展、城镇化水平的提高以及人口的增加，植物油食用消费需求将继续增长。

（四）国内油脂油料价格走势及成因

2018 年国内油脂价格整体呈现震荡下跌态势。全年价格走势可分为三个阶段：

第一阶段（1 月初到 7 月中旬）：1 月初国内豆油库存创历史同期最高纪录，加上菜油、棕榈油进口量增加，油脂市场供应充裕，价格震荡运行。4 月初受中美经贸摩擦影响，油脂价格快速上涨，此后因国内豆油库存增加及市场预期美国大豆增产，油脂价格震荡走低，7 月 17 日华东地区一级豆油报价 5380~5420 元 / 吨，较年初下跌约 300 元 / 吨；长江流域四级菜油价格在 6300~6350 元 / 吨，较年初下跌 170 元 / 吨；华南地区 24 度棕榈油价格在 4600~4620 元 / 吨，较年初下跌约 600 元 / 吨。

第二阶段（7 月下旬到 10 月上旬）：7 月 6 日中国对美国大豆加征 25% 进口关税，国内油厂停止采购美国大豆，市场担心四季度国内大豆供应出现缺口，油脂供应减少的预期推动价

格大幅走高。10月初华东地区一级豆油价格为5880~5900元/吨，较7月下旬上涨500元/吨。长江流域四级菜油价格为6700~6750元/吨，较7月下旬上涨400元/吨。棕榈油产量恢复，主产国库存居高不下，价格上涨幅度不大。9月中旬华南地区24度棕榈油价格为4700~4750元/吨，较7月下旬上涨约200元/吨。

第三阶段（10月中旬到12月底）：受中美经贸关系不确定性因素影响，在美国新大豆上市前，国内企业增加从巴西、俄罗斯等国进口大豆，在国内建立创纪录高位的大豆库存，使10月以后国内大豆供应依然充足，加上四季度豆油和豆粕需求疲软，此前市场预期的供需缺口并未出现，豆油库存反而持续攀升，11月初国内豆油商业库存最高达188万吨，较9月底增加21万吨，创历史纪录，油脂价格持续走低。监测显示，12月底华东地区一级豆油价格为5200~5250元/吨，较10月上旬下跌约650元/吨，长江流域四级菜油报价6400~6450元/吨，较10月上旬下跌约300元/吨。华南地区24度棕榈油价格为4200~4230元/吨，均较10月上旬下跌约500元/吨。

（五）油脂油料市场主要调控政策

国家粮食交易中心1月5日至26日向市场投放了20.7万吨临储菜油；7月17日至9月5日向市场投放了7.6万吨临储菜油。自2015年12月以来，已累计投放临储菜油约560万吨，临储菜油"去库存"工作基本结束。临储菜油的投放，增加了市场供应，有利于稳定菜油价格。

6月14日至10月31日，国家粮食交易中心向市场投放临储大豆201万吨，其中2013年产大豆198万吨，2012年产大豆2.7万吨。在中美经贸摩擦升级的背景下，临储大豆投放对稳定市场预期发挥积极作用。

2018年各地继续调整优化种植结构，加大休耕轮作试点面积、提高大豆生产者补贴标准。2018年全国轮作休耕试点面积3000万亩，高于上年的1200万亩。生产者补贴向大豆倾斜，以黑龙江为例，大豆生产者补贴为320元/亩，高于上年的173元/亩，玉米补贴由2017年的133元/亩降至2018年的25元/亩。

第三部分
粮食宏观调控

一 政策性粮食收购

为促进粮食生产稳定发展，切实保护农民利益，保障国家粮食安全，2018 年国家继续在部分粮食主产区实施小麦和稻谷最低收购价政策，指导新疆维吾尔自治区扎实开展小麦收储制度改革。在新粮上市前及早印发收购通知，及时召开收购工作会议，在资金、仓容、培训等收购准备工作方面对各地提出明确要求，督促指导各地按照粮食安全省长责任制的要求，强化为农服务意识，严格执行国家粮食收购政策。同时，协调落实收购资金，鼓励农企对接，引导多元主体开展市场化购销。针对部分地区粮食受灾减产降质较重的情况，因地制宜，多措并举，切实抓好超标粮食收购处置工作，帮助农民减少因灾损失，没有出现大面积"卖粮难"，有效地保护了种粮农民利益。

2018 年，小麦、早籼稻、中晚籼稻、粳稻最低收购价分别为每 50 公斤 115 元、120 元、126 元、130 元，与上年相比，粳稻每斤下调 20 元，早籼稻、中晚籼稻每斤下调 10 元，小麦每斤下调 3 元。新粮上市后，江苏、安徽、河南 3 省，江西、湖南 2 省，黑龙江、安徽、江西、河南、湖北、湖南、四川 7 省分别启动了小麦、早籼稻、中晚稻最低收购价执行预案，各地和有关中央企业认真执行国家粮食收购政策，收购工作总体平稳有序。

二 粮食储备及轮换

中央和地方储备粮管理进一步强化。国家有关部门继续加强中央储备粮管理，指导和督促2018 年度中央储备粮油轮换执行。各地着力加强地方储备管理，认真组织开展储备粮油轮换，还因地制宜创新完善管理模式和运行机制，管理的规范化、法治化、科学化水平进一步提高。同时，有关部门和地方结合市场形势变化，充分发挥储备吞吐调节作用，保障市场平稳有序。

三 粮情监测预警

随着农业供给侧结构性改革的深入推进，粮食流通形势出现新的变化，对粮食市场监测预警工作提出了更高的要求。2018年我国粮油市场监测工作水平显著提升，统计基础更加扎实，服务能力进一步加强，为做好粮食宏观调控和行业管理、促进粮食产业发展、保障国家粮食安全发挥了重要作用。

（一）进一步优化市场监测点布局

各地密切跟踪监测粮食市场价格，并根据粮食市场形势变化，不断调整完善市场信息监测点，加强监测信息审核评估，及时督促纠正不实信息、补充遗漏信息，确保监测结果灵敏准确。同时，加强对粮食市场形势的跟踪监测分析，研判可能出现的苗头性、倾向性、潜在性问题，提出有针对性的建议，更好地服务决策和指导工作。

（二）提升粮食市场监测信息化水平

在"国家粮油统计信息系统"一期的基础上，进行二期系统开发，增加扩充系统功能，加强数据价值挖掘能力。新开发完成的省级价格监测平台，有效地支持了地方加强辖区粮食市场监测，实现国家与地方监测信息共享。新增的数据挖掘功能拓展了信息维度，增强了统计智能决策能力，信息化水平和统计工作效率得到提升。

（三）编制粮食收购价格指数

粮食收购价格指数对于积极推进粮食供给侧结构性改革、不断完善粮食收储制度、更好地服务粮食宏观调控具有重要意义。2018年5月粮食收购价格指数开始试运行。期间，指数较好地反映了粮食收购价格的变动情况，为跟踪研判粮油市场动态、科学决策提供了重要参考依据。指数将根据试运行的情况不断调整优化，并在修改完善后，适时向社会公开发布。

（四）继续分时段分品种开展重点监测

为确保玉米收储制度改革顺利，继续实行东北地区玉米收购进度和价格监测日报，每天掌握玉米收购进展和市场价格情况，并按时在国家局政府网站向社会发布相关信息，引导市场预期。同时，开展大豆市场监测周报，每周采集分析全国126家重点大豆收储和加工企业的收购、加工、销售、库存及价格等情况，为宏观调控提供有力的信息支撑。

专栏 3　行业信息化建设

2018 年，国家粮食和物资储备局深入贯彻国家信息化战略部署和全国网络安全和信息化工作会议精神，紧紧围绕"没有网络安全就没有国家安全，没有信息化就没有现代化"的核心要求，按照"夯实发展基础，放大示范效应"的思路，主动适应机构改革职能调整带来的新机遇新挑战，积极推进国家粮食和物资储备管理平台建设，加强行业信息化建设指导，取得了明显成效。

（一）扎实推进国家粮食和物资储备管理平台建设

1. 顺利完成国家粮食和物资储备管理平台（一期）建设任务

按照"一层两系统、一窗三中心"重点建设内容，构建了互联网和电子政务外网云平台，为国家粮食和物资储备平台业务系统、"省长责任制考核""全国政策性粮食库存数量和质量大清查应用软件"等提供了良好运行环境。建设了粮食行业数据资源中心，形成涵盖粮食业务、政务、社会等多元数据的数据资源池。开发了可视化展示、智能决策辅助系统，为宏观决策和精准调控提供辅助支撑。建设完成为国家粮食和物资储备平台（一期）粮食质量监管系统、粮食应急管理系统等核心业务系统。构建网上政务服务大厅，集成行政许可、行政奖励、公共服务、其他 4 大类 10 个事项，向社会公众和涉粮企业提供网上"一站式"政务服务。互联网视频会议系统全面建成，纵向网视频会议系统连通 27 个省级粮食部门。

2. 深入推进政务信息系统整合共享

按照"五统一"原则，完成"粮食流通统计信息系统"等 40 个已建、在建、新建信息系统及数据的整合共享，打通信息孤岛和数据壁垒。编制了粮食政务信息资源共享目录共计 264 条，涉及 26 个业务领域，其中对外共享 234 条，开放目录 51 条，共享其他部委政务信息目录 294 条。建成局政务信息资源共享池，完成所有已建、在建信息系统数据归集，共计约 13.6 亿条，数据存储量 0.85T。结合国家粮食和物资储备平台（一期）建设，开展原物资储备局 14 个信息系统整合融合方案调研，推进整合融合。与中储粮集团公司初步实现互联互通，并印发了《粮库信息系统与政策性粮食"一卡通"数据交换规范》（国粮办发〔2018〕92 号）、《关于加快推进政策性粮食收购"一卡通"与地方粮库信息系统及管理平台互联互通的通知》（国粮办发〔2018〕233 号），促进地方行政管理部门与中储粮政策性粮数据互通共享。

（二）着力谋划信息化发展的顶层设计

1. 谋划"金储"工程规划

根据国家粮食和物资储备局新职能、新要求，围绕更好地服务决策、支持工作、保供应求和确保安全的目标，聚焦"大储备"融合、

"政策性业务信息化全覆盖、各类储备在线监管全覆盖""带动管理模式、业务流程、监管手段的变革优化"等核心内容，在多次调研和会商研讨基础上，形成了《"金储"工程规划（征求意见稿）》。将在进一步完善修改后，争取于2019年底前印发实施。

2. 编制国家粮食和物资储备平台（二期）建设方案

结合国家粮食和物资储备局月坛北街25号院新办公区改造，围绕全储备在线监测、应急指挥和核心数据安全管理三大功能，编制了《"金储"工程国家粮食和物资储备管理平台（二期）可行性研究报告》《"金储"工程国家粮食和物资储备管理平台建设项目（二期）初步设计方案和投资概算报告》，为申请2019年项目立项打下基础。

（三）不断提高行业信息化建设水平

1. 加强针对性调研督导

组织开展了《粮食行业信息化"十三五"发展规划》中期评估，深入研究分析行业信息化建设形势、问题和对策。围绕"夯实发展基础，放大带动示范效应"主题，赴浙江、河北、河南、广东等省开展调研，提出进一步做好信息化工作的针对性措施意见。多次召开建设进度调度会，对推进力度不大、进度慢的省份，专门进行了调度和推进。

2. 创新方式开展信息化培训

针对行业信息人才缺口大、一线员工信息化水平普遍不高问题，创新信息化培训内容、方式，研究提出了集中培训与网上培训、高级研讨班与专家巡回讲课相结合的方式，其中高级研讨班10月23~25日顺利完成，取得预期效果，反响良好。组织开发了基于多媒体的"粮库信息化培训教材"，完成了VR体验实训课件。并组织有关单位初步完成了基于多媒体的VR体验实训课件的粮库信息培训教材开发。

3. 行业信息化建设整体进度明显加快

截至2018年底，22个省份开工建设4002个行业信息化建设项目，开工率达60%，其中已建成2794个，完成率达42%，江苏、山东、河南、安徽等省粮库智能化升级改造基本完成，并在夏粮、秋粮收购中应用，取得较好效果。较上年底相比，开工省份增加了10个，开工数量增加了1651个，完成数量增加了2558个。江苏、山东、河南、安徽、青海、湖北、浙江7个省平台已经建成，国家平台与湖北、河南、山东、江苏、安徽、青海6个省平台的61个粮库视频监控实现连通。

4. 部分省份信息化建设和应用亮点突出

青海"云平台、微服务、轻应用"的建设模式大幅节省了基层粮库投资，安徽、山东、河南、青海等省初步实现了仓储"一张图"和加工"一张图"，增强了综合数据研判能力。江苏"满意苏粮"，安徽"智慧皖粮"APP，巡检机器人，山东及浙江等省的库存识别代码应用等新技术新成果，提高了粮食行政管理和企业经营作业的效率。

（四）健全完善信息化工作新机制

认真贯彻落实习近平总书记网络强国战略思想和全国网信工作会议精神，印发了国家粮食和物资储备局《关于深入贯彻落实全国网信工作会议精神的实施意见》，建立健全统筹、协调、优化、高效信息化工作新机制，进一步加强对网信工作的领导，明确工作分工，充分发挥业务局在单位提出需求、汇集数据和系统应用中的主力作用，形成合力。强化网络安全保密和统一运维机制，加强机构改革期间三地办公网络连通和保密检查，开展运维人员和国家粮食和物资储备局平台（一期）承建单位人员安全保密培训，规范运维人员的日常安全保密管理。搭建"统一接入、统一审计、统一监控"统一运维监控平台，建立统一运维专业队伍，建立统一运维机制调配三地办公地点的运维人员，有效地确保三个办公区网络及业务系统的正常运行。

四　粮食产销合作

随着粮食收储制度改革深入推进，为粮食产销合作奠定了基础、拓展了空间，进一步促进粮食产销合作可持续发展。一是强化顶层设计。会同国家发展和改革委员会等 8 部门单位联合印发《关于深化粮食产销合作提高安全保障能力的指导意见》，明确产销合作的目标任务、工作重点和保障措施，推动粮食产销合作不断深入。各地结合实际，制定针对性措施狠抓落实。二是搭建合作平台。2018 年 8 月中旬，在黑龙江省成功举办了首届中国粮食交易大会，搭建起全国性优质粮油产品展洽新平台。

31 个省区市粮食部门和过千家企业参加，现场成交粮油 1807 万吨，其中线上成交 581 万吨，金额为 283 亿元。三是丰富合作形式。福建、安徽、吉林、辽宁、内蒙古、重庆等地开展多种形式的粮食交易合作洽谈会、座谈会，签订购销合同（协议），推动省际间粮食企业实现优势互补、长期合作。北京、天津、上海、广东等省市还与黑龙江省探索产销合作新模式；甘肃省举办"一带一路"粮食安全高峰论坛，与沿线多国建立合作关系。

五　粮食市场交易

2018 年我国粮食总产量 65789 万吨，同比减少 372 万吨，粮食累计进口 11555 万吨，同比减少 1507 万吨，市场供给总体宽松，面对复杂粮食市场形势，国家有关部门加大政策性粮食拍卖销售力度，适时调整交易品种，科学制定起拍价格，合理安排销售计划，进一步加大库存粮食消化力度，取得显著成效。2018 年全年通过交易平台共组织国家政策性粮油竞价及挂牌交易会 456 场，成交各类粮油 12555.4 万吨，成交金额达 2063.3 亿元，成交量比去年增加 4742.1 万吨。分品种看，成交玉米 10013.1 万吨，同比增加 4358.7 万吨，增幅 77%；稻谷 1236.5 万吨（早籼稻 105.5 万吨、中晚籼稻 527.8 万吨、粳稻 599.2 万吨），同比增加 205.2 万吨，增幅 20%；小麦 1066.5 万吨，同比增加 45.4 万吨，增幅 4%；大豆 200.7 万吨，同比增加 179.1 万吨，增幅 829%；菜籽油 28.6 万吨，同比减少 60.5 万吨；豆油 13 万吨、籼米 0.8 万吨。同时，地方各级政府和有关部门继续积极引导和推进地方储备粮和贸易粮联网交易，全年共组织交易会 3694 场，成交粮食 1068 万吨，成交金额 255.5 亿元，与去年相比，成交量增加 510.5 万吨，增幅达 91.6%。

2018 年国家政策性粮食成交量同比增加较多的主要原因：一是国家有关部门加大政策性粮食拍卖投放力度，适时调整交易品种，科学制定销售底价，合理安排销售计划。二是国家有关部门密切关注市场行情变化，完善销售方式，将不同年份粮食同时上网拍卖，拉开区域和品质差价，满足玉米深加工和饲料企业的用粮需求。三是受中美经贸摩擦影响，粮食进口量减少，国家适时增加政策性粮食库存玉米和大豆的销售，保障市场供应。四是针对粮食销售出库存在的突出问题，及时采取行之有效的措施，进一步加大政策性粮食监管力度，维护正常的粮食市场秩序，全年粮食销售出库率高达 99.03%。

2018 年中国粮食交易大会

为认真落实习近平新时代中国特色社会主义思想和党的十九大精神，在加快推进农业供给侧结构性改革的关键时期，国家粮食和物资储备局党组决定每年举办中国粮食交易大会（以下简称粮交大会）。首届粮交大会于 2018 年 8 月 18 日至 20 日在哈尔滨市顺利举办，以"新时代、新理念、新平台、新业态——推动产销合作新平台建设，助力粮食产业高质量发展"为主题，包含粮油产品技术展、产销衔接和招商引资项目投资洽谈、粮食电商创新发展交流会和粮油供求形势交流研讨会等多项同期活动。全国 31 个省（区、市）粮食系统逾千家企业、过万人参会。

黑龙江省委书记张庆伟，省委副书记、省长王文涛，国家发展和改革委员会党组成员、国家粮食和物资储备局党组书记、局长张务锋出席开幕式，共同为交易大会启动开幕。河北省副省长时清霜，山西省副省长陈永奇，吉林省副省长李悦，山东省副省长王书坚，河南省副省长武国定，全国人大原常委、大寨党总支书记郭凤莲，黑龙江省委常委、秘书长张雨浦，黑龙江省副省长刘忻，哈尔滨市市长孙喆，黑龙江省政府秘书长王冬光，国家粮食和物资储备局党组成员、副局长卢景波，国家粮食安全政策专家咨询委员会副主任赵中权，世界粮食计划署驻华代表屈四喜出席大会开幕式。

本届大会产销衔接项目从 7 月 15 日即开始对接并组织实施，各省级粮食交易中心提前谋划、加强合作，分别组织浙闽赣、川鄂、晋冀、鲁辽、鄂闽等专场对接。到大会开幕前，本届大会组委会共收到各省上报的产销衔接项目 1918 个，其中，意向采购数量 1940 万吨，意向销售数量 2240 万吨。在大会组委会精心组织下，各地高度重视、精心谋划，分别组织了多场各具特色、形式多样、内容新颖、富有成效的推介会，黑龙江省充分利用"龙江金秋粮食贸易洽谈会"的口碑和品牌基础，延续组织了"第十五届黑龙江金秋粮食贸易洽谈会"，吉林、山西创新方式，首次联合推介，强化"吉林大米""山西小米"品牌影响力，另外，内蒙古、贵州、湖北、重庆、河南、广西也分别组织了不同形式的现场推介会，取得了较好效果。本届粮交大会产销衔接有以下三个明显特点：

一是创新方式，拓展营销渠道。充分发挥国家粮食电子交易平台会员众多、手段先进的优势，统筹线上线下资源，实现线下撮合、线上成交，成效显著。

二是强强联合，实现优势互补。吉林和山西两省举办品牌联合推介会，并签署吉晋粮食品牌营销战略合作协议。在山西小米、吉林大米两大品牌的基础上，打出"吉晋产好米、大小两相宜"的联合品牌，共用直营店，共享销售渠道，这种共建市场、共享资源的做法是促进两省间深化合作，实现共赢的新途径、新模式。

三是高端推介，突出区域特色。河南武国定副省长、山西陈永奇副省长、吉林李悦副省长参加了本省优质粮油产品推介会。山西邀请郭凤莲作为山西小米代言人，发挥名人效应，强化品牌影响力。

首届粮交大会共成交各类粮油1807万吨，其中，线上成交581万吨，成交金额283亿元，另外，成交粮油加工机械511台（套），成交金额达3亿元。会上，成功签约粮食产业经济投资项目6个，总投资141.8亿元，其他洽谈项目还将积极跟踪对接。

举行首届中国粮食交易大会，是促进粮食供需平衡、服务乡村振兴战略的重大举措，有利于适应新时代新形势、增强国家粮食安全保障能力，有利于深化粮食收储制度改革、加强粮食产销合作，有利于增加优质粮油产品供给、满足广大人民群众不断升级的消费需求。这次交易大会，汇聚粮食商贸精英，推介优质粮油产品，共享信息、对接需求，着力构建产销合作新格局，助力粮食产业高质量发展，既顺应了时代要求，又回应了社会期盼，实现互利共赢，开创了粮食产销合作新局面。

第四部分
粮食市场监管

一 粮食仓储管理

2018 年，粮食仓储管理继续强基础、重督查、抓整改，牢牢守住粮食安全储存和行业安全生产底线。同时，聚焦储备核心职能，顺应粮食收储制度改革和产业经济发展新形势、新任务、新要求，分析研判粮食仓储设施使用状况，积极开展前瞻性研究，提升仓储设施资源利用质量和效能。

经过多年积累和发展，我国粮食仓储设施基础逐步夯实，科学储粮技术得到推广应用，仓储规范化管理迈上新台阶，粮食仓储安全保障能力不断提升。但同时也应看到，我国的粮食库存消化仍需过程，尚有部分国家政策性粮食储存在简易设施中，并存在超过正常年限储存的情况，储粮安全还存在一定风险和隐患。各类仓储设施良莠不齐，使用和管理粗放，与新时代我国粮食储备和流通能力不尽匹配。粮油仓储企业转型升级和创新发展动力不足，与高质量发展和新旧动能转换要求不相适应。

当前，粮食收储制度改革稳步推进，国家政策性粮食库存持续消化，粮食产业经济蓬勃发展，仓储管理转型升级恰逢其时。立足于服务粮食储备和流通需要，从关注仓储设施数量转向更加重视质量，进一步规范仓储设施的使用，完善其功能，体现差异化、精细化、集约化管理要求。促进仓储设施存优去劣、更新汰旧，优化存量、升级质量。满足不同层次储存需求匹配适用设施，节本增效。服务产业经济发展需要，促进先进储粮技术推广应用，凸显绿色、优质、保鲜、智慧等价值追求，推动"优粮优储"，满足社会对绿色优质粮油的消费需要，保障人民群众舌尖上的营养安全。

二 粮食流通秩序规范

（一）加强制度建设，强化粮食购销市场监管

根据党中央、国务院领导同志重要批示精神，及 2018 年小麦和稻谷最低收购价预案要求，国家粮食和物资储备局会同国家发展和改革委员会、财政部、中国农业发展银行联合下发了《关于切实加强国家政策性粮食收储和销售出库监管的意见》(国粮发〔2018〕264 号)，从总体要求、加强重点环节监管、加大执法力度、落实保障措施四个方面，提出 15 条监管措施，进一步压实各方责任，明确职责分工，为强化政策性粮食收购和销售监管提供了制度依据。

（二）加强粮食收购监管，确保政策性粮食收购平稳有序

主动适应粮食收储制度改革新形势，强化粮食收购市场监管，针对粮食收购新形势，加强2018年收购监管，下发了《关于加强2018年秋粮收购监管的通知》（国粮电〔2018〕7号），要求各地提高政治站位，坚持问题导向，突出监管重点，严格履职，确保政策落实到位。国家粮食和物资储备局领导带队分赴四川、江苏、安徽和河南等粮食主产省开展督导调研，督导各地落实收购政策，组织开展夏粮、秋粮收购专项督导检查，收购期间未发生区域性"卖粮难"等问题，收购工作总体平稳有序。

（三）强化粮食销售出库监管，为"去库存"保驾护航

积极参与粮食库存消化有关方案的制订，加强对库存消化形势的研判，针对粮食销售出库中出现的趋势性、苗头性问题，提出了完善政策和管理措施的意见。督促指导各地严肃查处掺杂使假、拖延阻挠出库等违法违规行为，依法治理各种形式的"出库难"。2018年政策性粮食出库总体顺畅，全年政策性粮食销售出库率为99.04%，"出库难"问题得到有效治理。

（四）建成12325全国粮食流通监管热线，发挥维护国家粮食安全的前哨作用

12325全国粮食流通监管热线（以下简称热线）于2018年1月正式上线运行后，国家粮食和物资储备局按照打造法制化、规范化、群众化、信息化热线的思路，狠抓制度保障建设，健全了热线管理系列制度。一是印发《12325全国粮食流通监管热线举报处理规定（试行）》（2018年第1号公告），连同《热线举报须知》一并向社会公布，对热线受理范围、分办原则、办理时限和程序等做出规定，明确了举报和热线处理举报线索的详细流程，有效畅通了广大群众的诉求渠道。二是印发《12325全国粮食流通监管热线管理工作规则（试行）》（国粮执法〔2018〕26号）和《关于做好12325全国粮食流通监管热线管理工作的通知》（国粮办执法〔2018〕69号），强化各级粮食部门热线运行管理的职责。三是热线创新"互联网＋监管"思维，增加了微信功能，搭建了应用软件系统平台，在全国344个地市实现了全覆盖，进一步畅通举报渠道，用信息化手段方便群众反映诉求。

对受理的举报，国家粮食和物资储备局采取线上分办与线下沟通相结合的方式加强指导，重点案件专门督办。热线线索分办到各级粮食部门和有关单位后，承办单位高度重视线索办理工作，全部在规定期限内完成线索核查，报送核查报告，并及时向举报人反馈核查结果。热线为售粮农民兑现拖欠售粮款全年累计上亿元，严肃查处了几百件涉嫌违法违规案件，协调及时履约出库，对强化监管、维护国家粮食安全发挥了重要作用。热线已成为国家粮食和物资储备局密切联系人民群众的务实举措和工作亮点之一，初步显现了"六大效应"。一是发挥了密切联系群众的"民生"效应。热线已在各地群众中形成了一定影响力，特别在粮食主产区农民和涉粮企业已有一定知晓度。群众在遇到粮食流通违法违规和交易纠纷

等涉粮问题时，愿意向热线反映。二是回应基层呼声的"一线"效应。各级粮食部门切实将保护售粮农民利益作为基本职责，查处了近百起拖欠售粮款举报，为上百户农民追回售粮款，为 2018 年粮食收购工作平稳顺畅开展提供了坚实后盾。三是依法查处违法违规行为的"利剑"效应。各级粮食部门和有关单位接到线索后，对违法违规行为零容忍，第一时间查清违法违规事实，依法做出行政处罚，有效震慑了违法违规行为。四是维护粮食流通秩序的"规范"效应。对涉及粮食交易纠纷和出库问题等上百起举报，热线在第一时间会同交易协调中心督促承储库点履约出库，情节严重的责成所在地粮食部门严肃查处，90% 以上受理的交易纠纷举报得到了妥善处理，推动了粮食"去库存"进程。五是完善政策举措的"优化"效应。结合热线平台归集的各类信息，加强形势研判，及时发现重点和热点问题，以问题为导向有针对性地完善监管措施。对热线集中反映的收购"打白条"、政策性粮食出库难等问题，国家有关部门印发国粮发〔2018〕264 号文件，出台了强化政策性粮食定点、收购、验收、储存到销售出库等各环节的系列组合监管措施。六是推动依法管粮的"引领"效应。热线对承办单位办理案件提出了明确的程序规范和核查要求，对粮食流通领域依法办案工作起到了示范引领作用。

三　粮食质量安全监管

（一）强化目标导向，坚持上下联动，粮食质量安全检验监测能力显著提升

1. 积极推进粮食质量安全检验监测体系建设

截至 2018 年底，全国粮食检验监测机构达到 838 个，拥有检验仪器设备 4 万多台套，办公及实验室面积 60 多万平方米，检验机构人员 4000 多人，具有中级以上技术职称的占 37.8%；国家粮食质量监测机构新增仪器设备 3000 多台套，新增实验室及办公面积 3 万多平方米，行业整体检验监测能力得到显著提升。

2. 研究探索建立粮食质检机构运行新机制

为主动适应粮食收储制度改革对粮食质量安全监管的新要求，充分发挥国家粮食质量检验监测体系作用，深入研究质检体系发展定位，探索通过强化政策性粮食外部监管、拓展质检技术服务等方式，建立适应新形势要求的机构运行机制。组织福州、武汉站开展第三方检验服务试点，积极推动重点领域检验工作，提升政策性粮食监测覆盖面、积极开拓代质检服务并取得初步成效。福州、武汉两站的试点工作充分彰显推行第三方检验后业务发生的积极变化，对解决粮食质检工作面临的主要问题、探索今后发展模式具有重要参考意义。

3. 推动粮食质量安全检验监测体系作用发挥

各级粮食质量安全检验监测机构认真履职，积极为粮食质量安全监管提供技术保障。2018 年，粮食检验机构检测样品总计 517531

份，其中国家粮食检验监测机构检测样品 439405 份；粮食检验机构专项样品 226048 份，其中国家粮食检验监测机构专项样品 187952 份。

（二）强化担当意识，坚持主动作为，粮食质量安全监管工作稳步推进

1. 圆满完成政策性粮食库存数量和质量大清查试点工作

质量清查工作任务重、劳动强度大、持续时间长、技术要求严、社会关注度高，是大清查工作的重中之重。2018 年，10 省 20 个地市累计扦取检验样品 14736 份，代表粮食数量 2076.7 万吨。检验机构全力做好人员和技术准备，规范扦样操作，严格检验要求，克服试点工作与收获和库存质量监测等日常检验任务叠加的困难，加班加点、昼夜奋战，付出了艰辛劳动，圆满完成了质量大清查试点任务。

2. 积极开展粮食质量安全监测工作

2018 年采集新收获粮食监测样品 20331 份，覆盖 31 个省（区、市）、243 个市、1200 多个县（区）、上万个村，获得质量安全检验数据 40 余万个，其中国家级收获粮食质量安全监测样品同比增加约 11%；采集国家级库存粮食质量安全监测样品 4098 份，同比增加约 42%；覆盖 31 个省（区、市）1384 个库点，获得质量、储存品质和食品安全指标检验数据 6 万余个，较全面地掌握了新收获和库存粮食质量安全状况，为加强粮食质量安全监管、科学制定调控政策提供了技术支撑。监测结果显示，库存粮食质量安全状况总体良好，质量达标率为 96.8%，储存品质宜存率为 97.9%，对排查出的个别企业存在的质量安全问题，已督促相关企业及时按照国家有关要求进行整改。

（三）加强法规建设和宣传引导

坚持问题导向和底线思维，不断健全完善粮食质量安全管理各项制度，各地通过完善或制定地方法规、规范性文件等方式，建立粮食质量安全管理制度，为依法开展监管、规范粮食经营活动提供了制度保障。

专栏 5　全国政策性粮食库存数量和质量大清查

政策性粮食库存是维护国家粮食安全的重要物质基础。为全面掌握政策性粮食库存情况，防范化解风险隐患，确保国家粮食储备安全，2018 年 7 月，国务院办公厅印发《关于开展全国政策性粮食库存数量和质量大清查的通知》（国办发〔2018〕61 号），决定开展全国政策性粮食库存数量和质量大清查，查清查实政策性粮食库存实底，强化依法治理和责任落实，坚决守住管好"天下粮仓"。按照"问题导向、底线思维，先行试点、创新方法"要求，组织安徽、福建、江西、河南、湖北、湖南、广东、贵州、陕西、甘肃 10 省各选择 2 个地级市开展大清查试点，确保大清查取得预期效果。从总体情况看，试点工作达到了"试方案、验方法、测系统、强队伍"的预期目的，为 2019 年全面清查夯实了基础。

（一）各方协同联动，周密组织实施

切实落实国办发〔2018〕61 号文件精神，国家发展和改革委员会、国家粮食和物资储备局会同有关部门建立大清查部际协调机制，印发试点工作方案，指导地方扎实开展大清查试点。召开动员视频会议，培训全国省级师资力量 600 多人。派出 10 个联合抽查组 240 多人分赴 10 个试点省份开展抽查；期间，国家粮食和物资储备局负责同志分别带队赴试点省现场督导。12 月 17 日，大清查部际协调机制召开由 10 个试点省份分管副秘书长、试点市市长或副市长、省市粮食和物资储备局（粮食局）局长参加的大清查试点情况调度座谈会，听取试点工作情况汇报和意见建议，并对做好全面大清查工作做出进一步部署。

各试点省份精心组织，加强领导，成立政府负责同志牵头的大清查协调机制，统筹推进大清查试点工作，结合实际细化实施方案，做好库存统计数据分解登统，累计培训 8000 多人次。组织辖区内纳入清查范围的企业进行全面自查，同时派出督导工作组，加强对企业自查工作监督指导；抽调 1132 人组成 149 个普查组，坚持"有仓必到、有粮必查、有账必核、查必彻底、全程留痕"，做细做实市级普查工作；突出检查重点，严格按照检查方法进行实物检查；坚持全省统一抽调、混合编组、综合交叉、本地回避的原则，对纳入大清查范围的全部政策性粮食进行逐仓扦样检验。

（二）试点工作扎实有序，成效明显

本次试点共对 10 省 20 个试点地市 904 家政策性粮食承储企业的 2325 个实际储存库点 13540 个仓房进行了全面清查。试点省份严格按照国家要求的时点和清查步骤扎实开展清查工作，顺利完成了试点各项工作任务，为 2019 年全面清查积累了经验。

一是有效验证了大清查方案方法。对大清查工作方案、清查步骤、时点安排以及信息化技术运用等内容进行了全面测试。结果表明，

大清查方案切实可行，大清查时间节点、清查流程、检查方法等都比较合理。同时，还探索建立了多渠道问题线索发现机制。

二是摸清底数发现问题。认真摸清试点地区政策性粮食库存数量和质量情况，发现了政策性粮食库存管理中存在的一些突出问题，为强化政策性粮食库存数量和质量监管提供了着力点。

三是锻炼了大清查人员队伍。加强检查人员培训，使检查人员熟悉清查方法和要求。通过企业自查、市级普查和国家抽查各环节的实践锻炼，提高参与检查人员的业务能力和水平，为2019年全面大清查顺利开展提供了保障。

（三）注重宣传引导，坚持阳光清查

制订大清查宣传预案，加强舆情监测，及时回应社会关切。积极组织政策解读，商请中央主流媒体，以答记者问的形式开展政策解读，重大事件及时宣传报道，为大清查开展营造氛围。在国家粮食和物资储备局政府网站开通专栏，强化正面宣传。编印大清查工作简报，向各地发放宣传页4万张。积极鼓励社会公众参与，接受各方监督，拓宽问题线索发现渠道；

创新方式方法，充分发挥12325全国粮食流通监管热线作用，对清查过程中收到的投诉举报线索进行认真分析核实，不放过苗头性、潜在性问题，部分试点省份邀请人大代表、政协委员参与，加强对大清查工作的监督。

（四）强化问题整改，压实各方责任

对试点过程中发现政策性粮食库存管理中存在的一些突出问题，要求各地区、各有关部门和单位形成问题清单，建立整改台账，限期整改；针对发现的普遍性问题，认真梳理提炼，专门印发通知，要求各省在2019年全面大清查中重点予以关注，并做到举一反三；分别向中储粮集团公司和10个试点省下达了抽查发现问题整改通知，督促狠抓整改落实；进一步压实各方责任，建立重要问题挂牌督办、通报和约谈制度，承储企业拒不执行整改要求或整改工作不认真、不到位的，要追究企业负责人和直接责任人的责任。对检查中发现的新情况和新问题及时进行研究，进一步探索建立长效机制，推动政策性粮食库存监管的规范化、制度化。

第五部分
粮食标准质量

一 总体状况

按照高质量发展要求，推进粮食标准化全面发展。截至 2018 年底，国家粮食和物资储备局负责管理的标准共 631 项，包括粮食国家标准 341 项、行业标准 290 项，已形成包括产品标准、检验方法标准、储藏、物流、信息、加工机械设备和检验仪器标准、行业管理技术规范标准等在内的比较完整的粮食标准体系，基本覆盖了粮食生产、收购、储存、加工、运输、销售和进出口等各个环节。

2018 年，国家粮食和物资储备局组织各地粮食部门在全国开展了新收获和库存粮食质量安全监测工作。总体来看，新收获和库存粮食质量安全状况总体良好，但部分地区、企业存在质量安全隐患。

二 主要粮食品种收获质量

2018 年继续在全国 19 个省份开展国家级新收获粮食质量调查工作，采集监测样品 8470 份。其中，小麦 1999 份、早籼稻 617 份、中晚籼稻 1856 份、粳稻 1010 份、玉米 2541 份、大豆 230 份、油菜籽 217 份。按照粮食的收获季节，完成油菜籽、小麦、早籼稻、中晚籼稻、粳稻、大豆、玉米主产区的质量集中会检工作，基本掌握了当年新收获粮食质量总体情况，并及时反馈和发布粮食质量和品质信息，为完善粮食收购政策，做好粮食收购工作提供了重要依据。

2018 年，14 个省（区、市）粮食行政管理部门组织开展了粮食品质测报工作，共采集样品 8500 余份，扦样范围累计覆盖 150 个市700 多个县（区），获得检验数据 13 万个。各级粮食行政管理部门丰富品质信息发布形式和渠道，指导当地调整粮食种植结构，社会经济效益显著提高。

（一）早籼稻

安徽、江西、湖北、湖南、广东、广西 6 省（区）共采集早籼稻样品 617 份，样品覆盖57 市 187 县（区），全部为农户样品。

从会检结果看，2018 年 6 省早籼稻整体质量基本正常。广东、广西 2 省（区）三等以上比例较上年有所增加；安徽三等以上比例与上年持平；江西、湖北、湖南 3 省三等以上比例较上年略有下降。

6 省（区）全部样品检测结果为：出糙率平均值 78.5%，与上年持平。一等至五等的比例分别为 43.6%、38.1%、14.9%、2.3%、0.6%，等外品为 0.5%；三等以上比例占 96.6%，与上年持平，其中一等比例较上年下降 8 个百分点。整精米率平均值为 53.0%，较上年下降 1.5 个百分点，其中达到三等以上要求的占 84.8%，较上年下降 4.7 个百分点；达到一等要求的占 67.1%，较上年下降 2.6 个百分点。不完善粒含量平均值 3.4%，较上年增加 0.3 个百分点。

（二）中晚籼稻

安徽、江西、河南、湖北、湖南、广东、广西、四川 8 省（区）共采集早籼稻样品 1856 份，样品覆盖 102 个市 424 个县（区），全部为农户样品。

从会检结果看，2018 年中晚籼稻整体质量好于上年。其中，中晚籼稻出糙率、整精米率、一等品比例、三等以上比例均高于上年。

8 省（区）经全部样品检测结果为：出糙率平均值 77.7%，较上年提高 0.5 个百分点。一等至五等稻谷比例分别为 26.9%、45.0%、21.1%、4.5%、1.5%，等外品比例为 1.0%；一等品比例较上年提高 10.1 个百分点，三等以上（出糙率在 75% 以上）比例为 93.0%，较上年提高 4.5 个百分点。整精米率平均值 58.8%，较上年提高 1.5 个百分点；其中，高于 50%（一等）的比例为 84.8%，较上年提高 2.8 个百分点。谷外糙米含量平均值 0.5%，超标（大于 2.0%）比例 3.4%，较上年提高 2.6 个百分点。

（三）粳稻

辽宁、吉林、黑龙江、江苏、安徽 5 省共采集检验粳稻样品 1010 份，样品覆盖 49 个市 147 个县（区），全部为农户样品。

从会检结果看，2018 年粳稻整体质量好于上年。粳稻出糙率、整精米率、一等品比例、三等以上比例均高于上年。

5 省全部样品检测结果为：出糙率平均值 81.9%，较上年提高 1.6 个百分点。一等至五等稻谷比例分别为 78.4%、17.2%、2.3%、1.0%、0.5%，等外品比例为 0.6%；一等比例较上年提高 20.7 个百分点，三等以上比例为 97.9%，较上年提高 0.3 个百分点。整精米率平均值 69.7%，较上年提高 0.6 个百分点；高于 61%（一等）的比例为 91.2%，较上年减少 4 个百分点。谷外糙米平均值为 1.3%，超标（大于 2.0%）比例 15.1%，较上年提高 3.5 个百分点。

（四）小麦

河北、山西、江苏、安徽、山东、河南、湖北、四川、陕西 9 省共采集小麦样品 1999 份，样品覆盖 91 市 430 个主产县（区），全部为农户样品。

从会检结果看，2018 年新收获小麦整体质量略低于正常年景，符合国家标准中等（三等）以上要求的比例为 85.2%；河北、安徽、河南、湖北等省小麦质量等级有所下降，其中安徽、湖北两省不完善粒较多。

9 省全部样品检测结果为：容重平均值 776.0g/L，变幅 636~850g/L。一等至五等的比例分别为 32.6%、31.5%、21.5%、9.0%、3.4%，等外品比例为 2.0%；中等（三等）以上比例为 85.6%，较上年降低了 6.2 个百分点。千粒重变幅 36.7~46.5g，平均值 40.8g，较上年降低 0.4g。不完善粒率变幅 0.4%~87.1%，平均值

7.6%，较上年增加了 3.9 个百分点；其中，符合国标要求（≤10%）的比例为 87.4%，较上年降低了 7.7 个百分点。硬度指数变幅 35.0~81.0，平均值 64.0。降落数值变幅 62~435 秒（降落数值越小，表示发芽越严重；国家标准要求不低于 300 秒），平均值 259 秒，较上年减少 60 秒。

（五）玉米

河北、山西、内蒙古、辽宁、吉林、黑龙江、山东、河南、陕西 9 省（区）共采集玉米样品 2541 份，样品覆盖 9 省（区）110 个市（州、盟）494 个主产县（市、区、旗），全部为农户样品。

从会检结果看，2018 年 9 省（区）新收获玉米的容重、一等品比例、不完善粒含量平均值、生霉粒含量平均值均好于上年。河北、陕西玉米质量为近 3 年来最好，辽宁、山东玉米质量好于上年，山西、内蒙古、吉林、黑龙江、河南玉米质量为正常水平。

9 省（区）全部样品检测结果为：容重平均值 743.5g/L，较上年增加 9.5g/L。一等至三等玉米比例分别为 86.4%、11.9%、1.7%，无四等、五等及等外品，一等较上年增加 15.3 个百分点。不完善粒含量平均值为 3.1%，较上年下降 1.3 个百分点。生霉粒含量平均值为 0.9%，较上年下降 2.1 个百分点；达标比例为 89.2%，较上年增加 5.6 个百分点。

（六）大豆

吉林、黑龙江两省共采集大豆样品 230 份，样品覆盖 15 个市 56 个主产县（市），共获得检测数据 1840 个，全部为农户样品。

会检结果显示：2018 年两省大豆整体质量较好，完整粒率、粗蛋白质含量平均值、达标高蛋白大豆比例较上年有所增加，反映大豆食用品质提升；完整粒率三等以上比例、粗脂肪含量平均值、达标高油大豆比例较上年有所下降。

两省全部样品检测结果为：大豆完整粒率平均值 91.4%，较上年增加 0.3 个百分点，变幅 69.0%~98.1%。一等至五等的比例分别为 22.6%、48.7%、20.4%、6.1%、1.3%，等外品比例为 0.9%；其中，一等比例较上年增加 6.6 个百分点，三等以上比例为 91.7%，较上年下降 0.9 个百分点。损伤粒率平均值 4.2%，较上年降低了 1.8 个百分点，最大值 27.9%，符合等内品要求的比例为 92.6%，较上年增加 11.7 个百分点。

（七）油菜籽

江苏、安徽、江西、河南、湖北、湖南、四川 7 省共采集油菜籽样品 217 份，样品覆盖 7 省 42 市 84 个主产县。

从会检数据看，2018 年全国新收获的油菜籽质量整体情况正常，略好于上年，中等（三等）以上比例由上年的 55.1% 增加到 56.7%。不完善粒情况较上年略有下降，生芽粒超标比例较上年有所下降，生霉粒有所增加。

7 省全部样品检测结果为：含油量平均值 38.3%，变幅 31.2%~46.8%。一等至五等的比例分别为 7.4%、23.5%、25.8%、22.1%、15.2%，等外品比例为 6.0%，中等以上的占 56.7%，较上年增加了 1.6%；未熟粒平均值 0.2%，最大值为 2.6%，全部符合标准要求（≤15.0%）；生芽粒平均值 0.7%，最大值为 11.9%，符合标准要求（≤2.0%）比例为 94.0%；生霉粒平均值 0.8%，最大值为 7.2%，符合标准要求（≤2.0%）比例为 94.9%；热损伤粒平均值 0.1%，最大值为 6.0%，符合

标准要求（≤2.0%）比例为 99.1%；水分平均值 9.0%，变幅 0.84%~28.4%。脂肪酸组成检测结果表明，样品中芥酸含量的平均值 15.7%，变幅 0.1%~58.6%，含量不超过 3.0%（低芥酸）比例为 29.0%，比上年升高 0.2 个百分点。

三　优质和专用粮食品种质量

（一）早籼稻

湖北省达到国家标准三等以上的比例为 17.2%，主要原因是垩白度高，整精米率有所降低。湖南省早籼稻没有完全符合优质稻谷指标的样品，原因是不完善粒中病斑粒的比例、垩白度较高。

（二）中晚籼稻

广东省晚籼稻优质稻谷的比例为 67.0%，优质一等、二等、三等的比例分别为 1.3%、22.2%、43.5%。湖北省优质稻谷的比例为 52.6%；不达标的主要原因是食味品质偏低和垩白度高。福建省符合优质稻谷国家标准的比例为 4.4%；其中达到优质稻谷二等、三等的比例分别为 1.5%、2.9%；主要是淀粉含量、粒型和垩白度等因素限制达标率。

（三）粳稻

辽宁省优质稻谷国家标准的比例为 47%，与去年持平。其中，整精米率、垩白粒率、垩

白度、直链淀粉、不完善粒全省平均达标率低于上年，出糙率、食味品质与上年持平；影响达标率的主要原因是稻谷的不完善粒、垩白粒率、垩白度。黑龙江省优质稻谷的比例为 44.0%；影响优质稻谷达标率的主要原因是不完善粒率较低。

（四）小麦

湖北省优质小麦较正常年景低，无强筋小麦品质指标的样品，符合弱筋小麦的比例为 1.1%；原因是降雨期与小麦灌浆、成熟、收割期重叠，倒伏严重，赤霉病和发芽现象普遍，品质大幅度下降。陕西省优质小麦情况较好，强筋小麦比例为 11%，弱筋小麦比例为 41%；关中东部小麦容重、降落数值、稳定时间较高，筋力较强；中部小麦容重和湿面筋含量较高，筋力适中；关中西部小麦粗蛋白含量、湿面筋含量较高；渭北旱塬小麦除容重外，其余各项品质指标较高。

（五）玉米

河北、山西、内蒙古、辽宁、吉林、黑龙江、山东、河南、陕西 9 省（区）淀粉含量平均值 71.9%，较上年增加 0.1 个百分点，变幅 67.8%~76.8%；符合淀粉发酵工业用玉米国家标准（GB/T 8613—1999）中等（不低于 72%）以上要求的比例为 47.8%，较上年增加 6.9 个百分点；粗蛋白质含量平均值 9.1%，较上年降低 0.3 个百分点，变幅 6.9%~13.0%；粗脂肪含量平均值 3.6%，较上年下降 0.3 个百分点，变幅 1.6%~9.2%。

（六）大豆

黑龙江、吉林两省大豆粗蛋白质含量平均值 40.4%，较上年增加 0.3 个百分点，变幅 35.6%~44.6%；达标高蛋白大豆比例为 60.0%，较上年增加 2 个百分点。粗脂肪含量平均值 20.0%，较上年下降 0.1 个百分点，变幅 17.4%~22.7%；达标高油大豆比例为 46.5%，较上年下降 4.1 个百分点。

专栏 6　"优质粮食工程"

"优质粮食工程"启动实施以来，2017 年确定首批 16 个重点支持省份，安排中央财政资金 50 亿元予以支持。2018 年扩大到 30 个省份，安排中央财政资金 64 亿元予以支持。通过中央财政资金的投入，有效地激活市场，充分调动各类社会主体积极性，更好地发挥粮食流通对生产和消费的引导作用，促进粮食种植结构调整，提升粮食品质、增加绿色优质粮油产品供给，满足消费者需求，促进农民增收、企业增效，为加快推动粮食产业高质量发展、建设粮食产业强国、在更高水平上保障国家粮食安全奠定了坚实基础。

为指导各省 (区、市) 实施"优质粮食工程"，优化方案、完善举措、强化引领，按照目标导向与问题导向相统一和确保好事办实、实事办好的要求，财政部、国家粮食和物资储备局先后印发了《财政部　粮食和储备局关于报送"优质粮食工程"三年实施方案的通知》(财建〔2018〕410 号)、《财政部　粮食和储备局关于完善"优质粮食工程"三年实施方案的通知》(财建〔2018〕581 号)、《财政部　国家粮食和物资储备局关于深入实施"优质粮食工程"的指导意见》。总体上看，"优质粮食工程"受到了地方和企业的高度重视和普遍欢迎，很多省份都把"优质粮食工程"作为加快推进农业供给侧结构性改革的重要抓手和大力发展粮食产业经济的有力载体。各地相继落地一批兴粮惠农项目，流通对种植的反馈激励作用发挥明显，分等、分仓储存和精细化管理逐渐出现，龙头企业的产业链不断延

伸、价值链不断提升、供应链不断完善，辐射带动作用稳步提高，整合培育了一批粮油品牌，在增加绿色优质粮油产品供给，促进农民增收、企业增效等方面取得了积极成效。

已建成的产后服务中心陆续发挥效用。截至 2018 年底，已建设完成约 1400 个粮食产后服务中心和 7 万多套农户科学储粮装具。如宁夏建成的 20 个中心 2018 年烘干粮食超过 20 万吨。湖北根据 2018 年 8 月的粮食产后减损情况调查，10 个项目县 2017 年开展粮食产后服务以来综合处理粮食 129.42 万吨，减少粮食损失 12.73 万吨，折合减少经济损失 2.24 亿元。山东省 2017 年度产后服务中心项目全部建成后，可减少覆盖区域内粮食损失 4% 左右，年减少损失 193 万吨，折合 38.6 亿元。

粮食质量安全检验监测体系建设跨出一大步，检验监测能力显著提升，粮食质量监测覆盖面大幅增加，为粮食质量安全监管工作提供了有力的技术支撑。"吉林大米""山西小米""广西香米""天府菜油"等一批区域化粮油品牌纷纷涌现，产品附加值不断提高。湖北省示范县优质粮食产量同口径增加 6.91%，示范企业优质粮食收购增加 5.61%，农民平均增收 12.62% ；广西香米收购价比普通晚籼稻平均高 45% ；湖北、辽宁、黑龙江等省的"虾稻""蟹稻""鸭稻"等效益远高于普通产品。粮食产业经济保持了稳中向好势头，2018 年全国粮食产业经济实现总产值 3 万亿元，增幅达到 10% 左右。

四 粮食标准化

（一）加强标准制修订工作，推动粮食产业高质量发展

为贯彻落实乡村振兴战略和《国务院办公厅关于加快推进农业供给侧结构性改革大力发展粮食产业经济的意见》精神，以及国家粮食和物资储备局党组"两决定一意见"要求，结合行业重点和社会关注热点，分三批下达《中国好粮油 粟 小米》等92项标准制修订计划，服务粮食产业经济发展需要。同时，为适应粮油产品消费升级需求，发布粮油标准79项，包括推荐性国家标准33项，行业标准46项，涉及原粮及粮油产品、检验方法、机械设备、信息化等多个方面。

（二）进一步推进标准公开，建立标准信息便捷获取平台

按照国务院《推进国家标准公开工作实施方案》总体要求，国家粮食和物资储备局积极推进标准全文公开工作，主导制定的粮食行业标准实现全文公开。截至2018年底，现行有效的290项粮食行业标准实现全部免费公开。同时为方便社会公众快捷获取标准全文，建立粮食行业标准全文公开系统，完成首期建设并投入试运行。该系统提供了粮食标准的题录信息和全文免费下载，具有"分类检索""搜索"等功能。

（三）积极实施团体标准培优计划，增加标准供给新途径

为充分释放市场活力，满足市场化购销和粮食产业转型发展的需要，充分发挥团体标准制定周期短的特点，推荐中国粮油学会为国家标准化管理委员会组织的第二批团体标准试点，围绕粮食科技进步、技术创新、产业发展制定相关团体标准。2018年，中国粮油学会确定了《浓香菜籽油》《花生油质量安全生产技术规范》《特、优级核桃油》《干米粉》《粮食库存与流通监管信息基础数据元》5项团体标准制定计划，现已完成3项，作为国家标准、行业标准的有效补充。

（四）地方标准化工作助力粮油产品提质升级

各地发展地方特色粮油产品，制定科学合理、符合区域特色的地方标准及特色品种团体标准，推动了特色粮油产业的发展，促进当地经济发展。宁夏制定特色宁夏大米、湖北制定"京山桥米"等地方标准。黑龙江制定"黑龙江好粮油"、江苏制定"苏米"、四川制定"天府菜油"等系列团体标准，这些标准都发挥了增品种、提品质、创品牌的综合作用。

（五）积极宣贯《中华人民共和国标准化法》，提升行业内标准化认识

为落实国家标准化管理委员会对《中华人

民共和国标准化法》（以下简称《标准化法》）的宣传贯彻要求，国家粮食和物资储备局于2018年7月17日至20日在北京举办了《标准化法》及标准起草和审查培训班，各国家粮油标准验证测试机构、粮标委分技术委员会、相关标准制修订承担单位、标准样品制作单位共140多人参加此次培训。培训期间，授课老师详细解读了新《标准化法》中的重大变化，着重分析了新法和旧法之间的差异，具体分析了制度方面的创新；同时从标准的编写要求、标准审查程序要点等方面进行具体指导。新《标准化法》的宣贯培训，有利于强化粮食标准化工作的法治管理，助推粮食标准化健康发展，对构建更高质量的粮食安全保障体系具有重要意义。

（六）在全国范围内开展标准化工作调研

为加强标准引领，保持标准体系科学性和适用性，促进粮食产品提质升级，助推粮食流通改革发展，国家粮食和物资储备局坚持问题导向、需求导向，在全国范围内组织开展了粮食标准化工作调研，调研对象涉及各级粮食行政管理部门、粮食检验机构、粮食收储和加工企业、粮油批发市场、物流园区等各类涉粮单位，基本覆盖粮食产业链各个环节。调研共收到各省（区、市）粮食行政管理部门和单位（含兵团）调研报告32份，收集调研问卷961份、意见1523条，全面了解了粮食产业链条中现行标准使用现状、存在问题、标准立项需求等情况，为解决有关标准不适用问题，以及加强粮食标准顶层设计工作提供重要参考依据。

（七）加强标准宣贯，增强培训效果

按照国务院食安委统一部署，在云南省人民政府及省粮食局大力支持下，在昆明举办了2018年"全国食品安全宣传周·粮食质量安全宣传日"主会场活动。各地粮食部门积极向公众普及粮食质量安全小知识，宣传粮食部门近年标准质量工作成果，并向公众提供粮食行业标准在线查询服务。

为进一步加强粮食标准化工作，确保新标准科学适用和规范执行，国家粮食和物资储备局于2018年11月12日至14日在湖北武汉举办《玉米》等7项国家标准宣贯培训班，来自全国各地的200余位学员参加了此次培训。一是组织学员参观湖北省粮油食品质量监督检测中心。湖北质检中心是粮食行业检测机构标杆，实验室软硬件条件在全国粮食检验机构中处于领先地位。通过此次参观，使学员们学到了我国先进检测机构的设计思路和理念，对目前正在推进的体系建设起到典型示范作用。二是现场进行检验操作方法展示。新修订的《大米》《玉米》标准涉及新的检验方法，此次培训采取现场操作演示并结合播放视频宣传片的教学方式，让学员们近距离了解到相关方法的操作流程，有利于规范检验操作，提升了标准解读效果。

强化专业技术和业务培训，开展粮食标准化工作和粮食检验技术培训班，统一检验操作方法和判定尺度，不断提升行业标准化和检验技术人才队伍业务素质。

（八）粮食国际标准化工作再上新台阶，取得新成就

2018 年，粮食国际标准化工作以提高标准国际化水平为目标，加强与国际组织的交流对接，深度参与国际标准制修订，推动行业新技术向国际标准转化，在粮食国际标准化领域的影响力持续增强。

1. 不断推进中国粮食标准国际化

主导制定发布《玉米—规格》(ISO19942:2018) 国际标准，统一了国际贸易玉米质量指标的术语、要求和检测方法，设定与国内玉米标准相协调的水分和杂质限量。主导修订发布《谷物及制品中赭曲霉毒素 A 含量的测定》(ISO15141:2018) 国际标准，标志着我国粮食质量安全检测技术体系达到国际先进水平。继续推动粮食行业优势特色技术标准转化为国际标准，提交两项国际标准新提案，在粮食国际标准体系框架中不断发挥积极作用。

2. 积极开展谷物与豆类国际标准制修订工作

作为国际标准化组织谷物与豆类分委员会（ISO/TC34/SC4）秘书处承担单位，国家粮食和物资储备局按照 ISO 技术工作导则要求，积极与各成员国和联络组织开展合作，稳步推进标准制修订工作，2018 年共发布秘书处文件 36 项，发布国际标准 2 项，管理标准制修订项目 25 项，组织 15 项投票，复审标准 11 项，成立谷物水分测定工作组负责修订玉米水分测定国际标准（ISO6540:1980）。代表 ISO 中央秘书处，以观察员身份参加国际食品法典委员会藜麦电子工作组，参与制定藜麦法典标准。

3. 推动与粮食贸易国的标准化合作

配合国家标准化管理委员会，开展与法国、俄罗斯等"一带一路"沿线国家标准化主管机构的交流对接，推动粮食标准互认和共同制定国际标准工作，促进粮食标准互联互通。

第六部分
粮食流通体系建设

一 粮食仓储物流体系

2018 年，各级粮食和物资储备部门以习近平新时代中国特色社会主义思想为指导，全面贯彻党的十九大和党的十九届二中、三中全会精神，按照《粮食行业"十三五"发展规划纲要》《粮食物流业"十三五"发展规划》《粮食收储供应安全保障工程建设规划（2015~2020 年）》的安排部署，完善现代粮食仓储物流体系，有效服务了农业供给侧结构性改革和粮食收储制度改革，为实施乡村振兴战略、保障国家粮食安全奠定了坚实的基础。

2018 年，国家发展和改革委员会累计安排中央预算内投资约 25 亿元，用于粮食安全保障调控和应急设施专项建设。随着粮食收储制度改革和市场化收购的不断推进，专项的支持重点已逐步调整为物流和应急设施建设，仓储设施的重点也调整为优化布局、调整结构、提升功能。

物流建设方面，进一步完善沿海、沿长江、沿运河、沿京哈、沿京沪、沿京广、沿陇海、沿京昆"两横六纵"8 条重点线路，重点支持位于重要节点的项目，支持建设了兰州粮食现代产业园、甘肃天水区域粮食仓储物流生态产业园、山东济宁江北现代粮食物流园项目等一批位于节点上辐射带动能力强的多功能粮食物流园区。目前，粮食物流节点和综合园区的引领示范和辐射带动作用进一步加强，铁路、汽车、船舶等散粮运输稳步发展，集装箱、集装袋等集装单元化运输不断提高，公铁、铁水、水水等多式联运能力逐步提升，粮食物流成本进一步降低，物流效率进一步提高。

二 粮食应急保障体系

国家粮食和物资储备局和地方各级粮食行政管理部门高度重视粮食应急工作，切实加强粮食应急体系建设，认真落实各项应急措施，不断健全粮情监测预警机制，夯实储备基础，加强培训演练，特别是以粮食安全保障调控和应急设施项目建设、粮食安全省长责任制考核为抓手，加大资金、项目投入力度，压实地方政府责任，全国粮食应急体系建设进一步完善，应急保供能力稳步提升，有效应对各类突发应急事件，粮食应急实战能力得到了检验。

（一）粮食应急预案体系基本形成

2005 年国务院办公厅印发《国家粮食应急预案》，明确了国家粮食应急工作的组织领导、预警监测、应急响应、应急保障和后期处置等事项。2018 年，国家粮食和物资储备局结合粮食安全省长责任制考核工作，督促未制定粮食应急预案的市、县政府尽快编制并发布，指导有关地区结合形势变化及时修订粮食应急预案，对预案进行细化和完善，明确各级组织机构和责任人，提高预案的可操作性。目前全国各省、市、县基本都制定了粮食应急预案，粮食应急预案体系基本形成。

（二）应急供应体系逐步完善

各地按照预案的规定，抓紧建立健全粮食应急加工指定企业和应急供应指定企业等应急保障体系。加强粮食应急体系建设支持力度，将部分应急体系项目建设纳入中央预算内投资项目。指导各地粮食部门充分利用和整合现有资源，以现有粮油经销店、军粮供应站（点）、放心粮油店为依托，抓好粮食应急供应网点的布局，合理确定应急加工企业和配送中心，满足辖区内粮食应急供应需要。

（三）应急培训演练逐级开展

各地严格落实粮食安全省长责任制要求，每三年至少组织一次应急培训和演练。部分省（区、市）根据当地灾害发生的特点，制订详细的工作方案，开展粮食供应及质量安全应急培训和演练。通过应急培训和演练，进一步增强了粮食应急意识，锻炼了干部队伍，提高了应急响应、应急保障和后期处置的实战能力。演练期间通过新闻媒体扩大宣传，提高社会公众的认知度和参与度。

（四）应急物质基础进一步夯实

各地认真落实国务院下达的地方储备规模，着力解决市、县储备粮落实不到位、布局不合理的问题，确保北京、天津、上海、重庆等36个大中城市和价格易波动地区建立10~15天的成品粮储备。指导地方完善储备粮管理办法，加强储备粮油日常管理，确保紧急情况下调得动、用得上。

（五）粮食应急机制发挥重要作用

按照粮食应急预案的有关规定，部分地区因重大自然灾害等启动了粮食应急预案，有效应对了各类粮食应急事件，粮食应急实战能力得到了检验。2018年，全国各地区省级预案启动2次，分别是应对四川甘孜州金沙江堰塞湖地质灾害和宜宾市兴文县5.7级地震。全国省级以下应急预案启动8次，主要集中在云南、四川等西部少数省份，其中云南4次、四川3次、北京1次。

三　粮食产业经济发展

党中央、国务院高度重视粮食产业发展。习近平总书记多次强调要大力发展"粮头食尾"和"农头工尾"，李克强总理明确要求加快建设粮食产业强国。2017年9月，国务院印发了《关于加快推进农业供给侧结构性改革大力发展粮食产业经济的意见》（国办发〔2017〕78号）。2018年4月，习近平总书记在湖北考察时强调，要提高供给体系质量，增强供给体系对需求的适应性。2018年3月，李克强总理对全国春季农业生产工作会议做出重要批示，要大力实施乡村振兴战略，坚持农业农村优先发展和质量兴农、绿色兴农，深入推进农业供给侧结构性改革，推进农村一、二、三产业融合发展。这些都为做好粮食产业发展工作指明了正确方向、提供了根本遵循。

国家粮食和物资储备局深入贯彻习近平总书记重要指示精神和李克强总理重要批示要求，认真落实国家粮食安全战略和乡村振兴战略、健康中国战略，以确保国家粮食安全为中心，突出抓好产业链、价值链、供应链"三链协同"，重点建设粮食产业经济发展示范市县、特色产业园区、龙头骨干企业、优质粮食工程"四大载体"，深入实施优粮优产、优粮优购、优粮优储、优粮优加、优粮优销"五优联动"，加快推动粮食产业高质量发展。

2018年国家粮食和物资储备局统筹谋划，打出了推动粮食产业发展的"组合拳"。一是召开全国加快推进粮食产业经济发展第二次现场经验交流会，围绕粮食产业高质量发展，交流经验，创新举措，授予黑龙江省五常市"中国好粮油行动示范市"称号。二是国家粮食安全政策专家咨询委员会召开会议，对国家粮食和物资储备局与黑龙江省政府前期深入开展调研后形成的《加快推动黑龙江省粮食产业高质量发展的调研报告》进行了专题论证，调研报告上报后，李克强总理和韩正副总理、胡春华

副总理做出重要批示。三是国家粮食和物资储备局与黑龙江省人民政府签署了战略合作协议。四是举办了"粮食产业强国建设学术报告会"。通过这一系列活动的开展，全系统进一步凝聚思想共识，全国共30个省（区、市）以省级政府名义出台实施意见，推出了一批含金量较高的政策举措，我国粮食产业发展质量稳步提升。

（一）充分发挥品牌引领作用

山西省坚持"政府推动、龙头带动、质量为先、宣传推介、创新驱动"，着力打造"山西小米"区域公共品牌形象。"山西小米"荣获"2017年最具影响力的山西农产品区域公共品牌"。2018年，在全国粮食科技活动周——"山西小米"专题精品展和首届全国小米品鉴大会上，13个"山西小米"产品榜上有名。湖北省依托长江黄金水道，着力打造"荆楚大地"公共粮油品牌，通过强化标准引领，强化政策扶持，强化销售平台建设，强化品牌推广宣传，扩大了"荆楚粮油"品牌影响力。截至目前，湖北粮油加工业已争创34个中国驰名商标，282个产品获绿色、有机或无公害等称号，一批产品获国家地理标志。黑龙江省持续开展"黑龙江好粮油专项行动"，组建营销联盟和黑龙江大米网，制定地方标准，建立仓储物流公共仓等措施，合理打造品质优良、口感香醇的黑龙江大米品牌。五常市规范产地证明标识，升级溯源防伪系统，制定五常大米标准，加强产地保护，持续推进品牌建设。吉林省依托北纬45°"世界黄金水稻带"的生态优势，积极实施"吉林大米"品牌战略，严抓质

量管理，深挖品质内涵，实施"产业联盟＋"战略，拓宽营销渠道，让"吉林大米"跻身国内大米名品行列。北京市积极落实"中国好粮油"行动，深入开展标准引领、质量测评、健康消费宣传、营销渠道和平台建设。广西壮族自治区立足于"一带一路"交汇对接和陆海统筹重要节点这一独特区情，依托区域粮食资源优势，以实施"广西香米"品牌战略为重点，建立广西香米质量保障体系，已培育出多个大米国家地理标志产品。贵州省充分发挥"山地公园省"地理、气候、环境等方面的优势，打造贵州好粮油的整体品牌形象，目前全省有10个产品获得中国名牌产品称号或国家地理标志认证。

（二）积极推动产业集聚发展

黑龙江省坚持"统一规划、布局合理、产业集聚、可持续发展"和高起点、高标准、高科技的理念，推动现代化粮食产业园区建设，打造高质量粮食产业。目前，齐齐哈尔阜丰生物发酵项目一期已达产，2019年三期工程完成后，玉米加工产能将达到300万吨。浙江省通过加强粮食产业园区、物流园区、电商园区建设，着力推进粮食产业集聚发展，初步形成了以舟山油脂加工、嘉兴饲料加工、杭州食品加工、绍兴黄酒加工、台州粮机制造等为代表的地区特色产业集群。其中，舟山园区已成为我国东部沿海重要的进口粮食集散中心和油脂加工贸易基地。山东省集中发力出台粮食产业支持政策，将滨州国家级粮食产业循环经济示范区、临沂鲁南国际粮油城等纳入省新旧动能转换重点建设内容，济宁江北粮食物流

园区、中裕三产融合发展示范园列入省新旧动能转换100个重点项目。广东省以广州、深圳为核心，打造主食产业集聚区；以梅州、河源为核心，打造客家主食产业集聚区；以汕头、潮州为核心，打造现代化潮汕小吃产业集聚区；以茂名、湛江为核心，打造米面制品加工集聚区。重庆市以粮食仓储物流园区、国家现代粮食产业发展示范园区为龙头，助推粮食产业经济集群化发展。巩固完善江津德感粮油加工园区、涪陵临江粮油加工园区和白市驿粮食物流园区等粮油仓储港口物流园区的粮油加工企业与粮油仓储物流企业联盟，实现粮油及其加工品的供应链条管理。天津市加快推进临港物流园20万吨筒仓项目建设和军粮城国家粮食储备库功能提升改造建设，逐步完善粮食物流园区功能。通过与黑龙江大米网合作加强与主产省产销合作，积极引进绿色优质粮源进津。逐步打造集安全储粮、四散流转、加工供给、营销流通、应急保障于一体的全链条粮食物流园区。新疆维吾尔自治区充分利用乌鲁木齐国际陆港区建设契机和"丝绸之路经济带"核心节点建设、国家级流通节点城市、全国性物流节点城市等优势，打造集粮油仓储设施、粮油物流中转、粮油交易、粮油品质监测、主食供应等为一体的国际粮油食品产业园区。

（三）扎实推进"优质粮食工程"建设

四川省念好"优、绿、特、强、新、实"六字经，突出优粮优价，持续深化"专业化服务、社会化组织、信息化建网"的粮食产后"五代"服务体系建设，逐步形成土地合作社

主导型、国有企业主导型、联合社主导型三种模式；突出优粮优储，推进绿色低温储粮，规划从 2014 年起用 5~7 年时间建设粮食低温储备库 173 个、总仓容 607 万吨，占全省有效仓容的 50% 以上；突出优粮优加，推进"中国好粮油"四川行动示范县 10 个、省级示范企业 2 个和中央在川粮企示范工程 2 项；突出优粮优销，已建及在建粮食质量可追溯体系和质量监管平台 18 个。江苏省将"优质粮食工程"作为地方粮食工作的头号任务来抓；着力推进盱眙龙虾米、阜宁大米和宝应大米等地方特色粮油产品培育提升；推进泗洪稻米小镇、兴化戴窑米市等建设，构建行业特色服务新平台；推广盐城、南通、苏州等地粮食部门在国家"五代"基础上延伸行业服务功能。全省总投资 5.7 亿元，支持建设 7 个"中国好粮油行动示范县"、2 个省属国有企业和 2 个央企示范企业、18 个县 58 个粮食产后服务中心和 49 个县级粮食质检机构。山东省大力实施优质粮食工程，利用中央和省财政支持近 5 亿元，带动社会投资 9.4 亿元，"中国好粮油"行动计划 1 市 7 县 27 家企业、质量检测体系 1 市 24 县、产后服务体系 82 县 174 家企业。江西省立足江西绿色生态优势，深入实施"中国好粮油"行动，大力发展优质大米、富硒功能大米、有机大米等优势品种，积极建设集"五代"业务于一体的粮食产后服务中心，推广应用绿色生态储粮技术，加快实施"智慧赣粮"工程，加强省、市、县三级粮食质量检验监测机构建设，推进地方国有粮食收储企业质量安全保障能力升级改造，提高常规质量、储存品质和卫生安全等方面的综合检验监测能力，为全省粮食产业健康发展保驾护航。广西壮族自治区结合扶贫攻坚精准施策，推动"优质粮食工程"粮食产后服务体系建设，计划投入 9000 万元专项资金为 20 个自治区深度贫困县配置 20 万套农户科学储粮装具。

（四）培育壮大粮食产业化龙头企业

安徽省通过政策资金扶持、产业园区转型升级、创新体制机制等措施，促进龙头企业做大做强，依托粮油产业化龙头企业带动产业集聚发展，构建全省粮油加工骨干支撑体系。目前，全省拥有粮油类国家级农业产业化龙头企业 23 家、省级农业产业化龙头企业 283 家。湖南省始终坚持创新引领，实施"扶大扶强扶优扶特色扶品牌"工程，通过政策引领、资金扶持等综合施策，着力培育粮食产业化龙头企业，推动一批粮油产业项目走在全国同行业前列。浙江省全面实施粮食产业化龙头企业培育工程，积极落实扶持政策，加大招商力度，开展考察对接，助力粮食产业化发展。河北省以供给侧结构性改革为契机，依靠龙头企业带动，推动粮食产业化发展，促进粮食产业经济规模化、集约化水平不断提高，省级以上产业化龙头企业达 90 家，国家级龙头企业 19 家。云南省高度重视培育粮油食品加工龙头企业，积极引导土地、资本和人才等要素向重点龙头企业集聚，大力实施农业产业化经营项目和龙头企业带动项目，培育出一大批粮油加工龙头企业。

（五）积极发展粮食循环经济

北京市积极发展粮食循环经济，探索出粮油副产物循环综合利用。首农集团在双河农场建立 30 万吨／年稻谷加工及综合利用项目，推动建设稻谷加工、米糠膨化和稻壳发电项目。河北省积极推动"仓顶阳光"工程建设，目前，启动了张家口冀北粮油园区 5.5 兆瓦屋顶分布式光伏发电项目，一期装机容量 2.8 兆瓦经安装调试实现并网发电。江西省大力发展稻米副产品综合利用，形成较为完整的循环经济产业链条。金佳谷物和圣牛米业公司发展稻壳发电项目，将稻壳用于发电和供热，稻壳灰用于加工生产建筑材料和炭黑等。山东省大力发展粮食循环经济，德州实施"仓顶阳光工程"，滨州积极打造国家级粮食产业融合循环经济示范区。

（六）增强粮食企业发展活力

各地适应粮食收储制度改革需要，深化国有粮食企业改革，加快转换经营机制，增强市场化经营能力和产业经济发展活力。上海市坚持政企分开、政资分开、所有权与经营权分开，进一步转变政府职能，完善粮食国有资产集中统一监管体制。以产权为纽带，扎实推进良友集团和南汇国家储备库等国有粮食企业优化重组，推进国有粮食企业股份制改革，优化资本配置，实现投资主体多元化、经营机制市场化，进一步提升了全市的粮食安全保障能力和企业发展活力。广东省坚持市场配置、政府引导、企业运作原则，通过调整企业组织结构，按照现代企业制度要求建立技术创新能力和市场竞争力强的现代大型企业，已培育年销售收入 10 亿元以上的企业 16 家；促进中小企业向"专、精、特、新"方向发展；随着粮食流通体制改革不断深化，多种所有制粮食企业蓬勃发展，

民营、外资、港澳台资企业也逐渐进入广东省粮食加工行业并占据一定市场份额。

（七）积极发展新业态

北京市积极发展新业态，鼓励企业发展"互联网＋粮食"，推广"网订店取"和"网订店送"等经营模式，促进线上线下融合，创建爱煮食电商平台。山西省注重经营业态创新，实施"互联网＋粮食"行动，成立山西小米运营中心等省级交易平台，推动山西小米在阿里巴巴、京东等大型电商交易平台上做大做强，不断完善线上营销网络。重庆市积极促进粮食新业态发展，鼓励粮企积极发展"互联网＋"，重庆健康产业公司建设线上"有机商城"销售平台，拓展新世纪、重客隆等商超渠道，效果显著。江津区通过建设线上销售平台和线下实体专卖店，提升粮油销售能力。

（八）大力促进主食产业化

天津市培育知名品牌和大型主食产业化龙头企业，建设主食产业化示范区，引导企业由单一的生产加工逐步向产业化、现代化方向发展。不断提高面制品主食产量，丰富面食产品的种类。目前，"利达主食大厨房"项目日产放心馒头已达 200 万个，花色品种达 11 种，其所属主食销售点和面粉直销店达 600 多家，专有配送车辆 40 余辆。河北省积极推动以大众厨房为主要内容的主食产业化，陆续建成了石家庄家家惠大众厨房食品有限公司、廊坊民生源早（快）餐有限公司、保定大众厨房配送中心、邯郸复兴粮油公司主食厨房、唐山军粮食品有限公司、邢台粮油集团民天商贸有限公

司、邢台市东郊粮库等主食产业化项目。江西省重点发展以米粉、面条和早餐主食为主体的粮食主食产业化，构建适应多元化、多层次、个性化消费需求的主食产业体系，提升主食产品社会化供应能力。会昌五丰米粉占全国出口市场份额的60%。江西益家食品投资5000万元建设速冻主食产品深加工企业，产品包括馒头、蒸包和干鲜面等几十种产品。陕西省在全省推广"西安爱菊"模式，大力培育主食产业化龙头企业，先后安排3000万元专项资金推进主食产业化，支持企业开发绿色健康、营养安全的主食产品。目前，全省20多个县（区）已有主食产业化龙头企业，主食产业化开始向县区延伸。

（九）支持多元主体协同发展

湖南省致力于拓展粮食行业发展新空间，探索组建产业联盟，有序推进油茶、挂面、菜籽油、米粉、杂粮、优质大米等产业联盟组建工作，以联盟促融合。以"浏阳河山茶油品牌"为依托的首个茶油产业联盟已于2018年4月成功组建，湖南独具特色的茶油产业步入创新发展快车道。山西省遴选具有绿色认证、基地化种植、规模化加工的12家龙头企业组建"山西小米"产业联盟，实现优势互补和资源共享；成立"山西小米"产业联盟专家技术委员会、粮油标准化技术委员会等机构，推动科研立项、成果转化，促进品牌发展；与国家粮食和物资储备局科学研究院合作，开展全省杂粮分布图、杂粮区域发展规划等研究工作；对接山西农业大学，开展新产品研发、新工艺提升等基础性和应用性研究。宁夏回族自治区

推动辖区内7家大型稻谷储备、加工、销售龙头企业，组建了"宁夏大米产业联盟"；以宁夏亚麻籽产品及蛋白科学研究院士工作站为基础，组建了"宁夏亚麻籽油产业联盟"；以区内外19家大型玉米龙头企业为载体组成联合体，组建了"宁夏玉米分会"。通过优质粮食区外推介活动，"宁夏大米产业联盟"6家企业协议销售"宁夏大米"15.07亿元，"宁夏玉米分会"19家企业协议销售"宁夏精品玉米"72万吨。

（十）强化粮食科技创新和人才支撑

山东省积极推进"四新"促"四化"，通过"科技兴粮"加快粮食产业智慧化。国家粮食和物资储备局科学研究院联合山东多家科研机构和企业组建粮食科技创新联盟等科技创新平台，鲁花集团花生油脂与蛋白精深加工实验室获评省级重点实验室，中国科学院技术支持的全球首条万吨级小麦糊粉层产业化示范线在阳信开建。福建省与国家粮食和物资储备局科学研究院、江南大学和河南工业大学等高校建立科技合作关系，利用产销协作洽谈会平台发布粮油科研成果，组织开展粮食科技产学研对接，近两年就征集到粮食科技项目498项，成功对接46项；充氮气调、惰性粉防虫和光电色选机等一系列仓储和加工新技术得以落地转化，有效提高了全省储粮和粮食加工科技水平。目前，全省应用气调储粮技术仓容占比16.6%；达到低温准低温标准的仓容占比24%，为优质粮食储存提供技术支持。江苏省充分利用辖区内涉粮高校和科研院所聚集的优势，加强产业技术创新联盟、技术研发中心建

设，攻克粮食科技难题，提升产业核心竞争力。目前，江苏省已成立国家级研发中心6家、省级研发中心31家，创建食用植物油、优质小麦、优质稻米、粮机装备、新型饲料5家国家级、省级产业技术创新联盟；率先建成省级智慧粮食云平台和13个设区市市级综合信息管理平台，建成不同层次的数字化粮库近800家，通过合作开展新产品、新科技研发，努力培育本省粮食产业经济新的增长点。内蒙古自治区坚持以企业为主体推进产学研联合，支持创新要素向企业集聚，加快培育一批具有市场竞争力的创新型粮食领军企业。禾为贵农业先后与18家科研机构开展产学研合作，共建农作物育种科研平台；聘请国家谷子产业首席科学家刁现民组建了禾为贵小米研究院，选育出敖谷金苗、敖红谷、墩谷等8个新品种，提高了敖汉小米在全国的知名度。陕西省认真贯彻落实"科技兴粮"实施意见，推动省粮油科学研究院与陕西农林科技大学、西北大学等专业研究院所合作，建立产业联盟，推进科技创新与大健康产业深度融合，促进健康产业高质量发展。安排1400万元支持省粮油科学研究院建立健康产业研发中心，围绕小杂粮和富硒粮油，以"药食同源"的思路重点研发具有陕西特色的优质健康粮油产品。目前省粮油科学研究院研发的"功能性食品康养益元粉"已申报国家发明专利。西藏自治区积极推动青稞加工研发平台、资金、科研成果向企业转化，取得了良好进展，2016年以来，每年投入上千万元。启动特色农产品加工重大专项，以自治区农牧科学院为主体，已开发六个系60余种青稞产品。以日喀则、拉萨、山南地区青稞生产

基地为依托，选择有实力的加工企业开展成果转化，开发有机青稞米、糌粑、青稞麦片等大众食品和胶囊、β-葡聚糖等保健、养生功能系列产品，在青稞产业化产品开发等方面取得了一系列科技成果。

（十一）加大财税扶持力度

湖北省充分利用粮油精深加工贴息、产粮（油）大县奖补、粮食科技创新及成果转化和人才兴粮等政策资金，大力支持品牌创建工作。每年省级财政统筹用于粮食产业发展资金达到8亿元以上。2016年以来，每年安排3000万元财政专项资金用于荆楚粮油品牌营销宣传。河南省安排财政资金8000万元，对遴选的首批河南省好粮油加工企业，给予财政补助和贴息支持，助力企业发展。吉林省出台玉米和大豆加工企业的补贴政策，促进玉米和大豆产业健康持续发展。浙江省全面落实大米加工企业享受农业生产用电价格的政策，企业用电成本下降近1/3。支持企业参与储备粮业务，省本级安排33万吨储备规模开展动态储备试点。有关市、县设立涉粮企业成长专项扶持资金，支持企业发展。福建省省级财政安排专项资金补助粮食应急加工体系建设、粮食加工企业技术改造、"放心粮油"供应网络建设、创建粮食品牌和粮食产业化发展。2017年起，每年安排2000万元粮食产业发展资金，扶持粮食应急加工企业项目及粮食加工企业技术改造；针对增储后仓容缺口问题，新一轮粮库建设安排13亿元，用于省级粮库建设和市县粮库建设补助。广西壮族自治区实行粮食直补与储备订单收购挂钩政策，截至2018年底，全

区粮食直补范围扩大到 59 个县、订单粮食收购计划增至 80 万吨，自治区财政安排粮食直补资金 2 亿元。海南省加大财政资金投入，大力开展粮食仓储物流设施建设，"十三五"期间新建储备仓容 23.7 万吨；投入 2998 万元维修改造危仓老库，维修改造仓容 23 万吨；支持内蒙古恒丰食品工业集团在海南洋浦保税港区建设 50 万吨仓容的标准化粮食仓储设施，大幅提升全省粮食仓储物流能力。

（十二）健全金融支持政策

黑龙江、吉林、辽宁、内蒙古、河南、江苏等省区充分发挥粮食收购贷款信用保证基金的支持引导作用，解决企业融资难问题。黑龙江基金规模达 5.3 亿元，累计为 99 家企业发放贷款 28.3 亿元；充分利用国家支农再贷款政策，累计为 21 家粮食加工企业提供低息流动资金贷款支持 28.8 亿元；协调落实粮油产业化龙头企业重点支持政策，12 家企业获得中国农业发展银行 8.28 亿元贷款；利用农业信贷担保体系，为粮食加工企业提供融资担保 10 亿元。陕西省粮食局与陕西粮农集团、秦农银行签署协议，设立 100 亿元粮食产业发展基金，搭建起粮食产业发展融资平台，为粮食企业提供融资服务，同时制定《陕西省优质粮油产业项目融资补助办法》，安排 1000 万元对重大粮食项目和粮食物流产业园区等给予贷款贴息补助。

专栏 7 "粮安工程"

2013 年"粮安工程"全面实施以来，在各级发展改革和财政部门的大力支持下，粮食部门切实加强组织领导和统筹协调，全力推进"粮安工程"建设，取得了明显成效。

一是粮油仓储设施建设方面。 2013~2018 年，累计安排中央预算内投资 180 多亿元，安排 1700 多亿斤新仓建设任务，粮食收储能力大幅提升，布局不断优化，为粮食收储奠定了坚实的物质基础。同时，2013~2017 年，中央财政累计补助 100 多亿元用于"危仓老库"粮库维修改造和粮库智能化升级改造，极大改善了粮食仓储设施条件，提高了粮食行业信息化管理水平，有效保障了粮食收储安全。

二是粮食物流通道建设方面。 2013~2018 年，累计安排中央预算内投资 60 多亿元，建设和配置了一大批散粮设施，"北粮南运"八大跨省粮食物流通道更加完善，建设了兰州粮食现代产业园、甘肃天水区域粮食仓储物流生态产业园、山东济宁江北现代粮食物流园项目等一大批集粮食仓储、物流、加工、交易等功能于一体的粮食物流园区，散粮运输比例稳步提升，粮食物流效率明显提升。

三是应急供应体系建设方面。 2017 年，国家发展和改革委员会、原国家粮食局联合印发了《粮食安全保障调控和应急设施中央预算内投资专项管理办法》，将粮食应急体系建设项目纳入中央预算内投资支持范围。截至 2018 年底，全国共确定应急供应网点 48831 个、应急加工企业 5704 个、应急配送中心 3081 个、应急储运企业 3492 个，涵盖加工、配送、储运、供应的粮油应急供应体系已经建立。

四是粮油质量安全能力建设方面。 2013~2016 年，累计安排中央预算内投资 6 亿多元用于粮食质量安全检验监测能力建设；2017 年起，中央财政开始对国家粮食质量安全检验监测体系建设予以支持。通过财政支持，到 2020 年末，形成由 6 个国家级、32 个省级、305 个市级、960 个县级粮食质检机构构成的粮食质量安全检验监测体系。粮食质量安全检验监测体系建设，为在更高水平上保障国家粮食安全发挥了重要的作用。

五是粮食节约减损方面。 2013 年以来，粮食储存、物流、加工、消费等各环节的节约减损工作不断推进。2013~2016 年，累计安排中央预算内投资约 9 亿元为 400 多万农户配置科学储粮装具，使农户存粮环节损失浪费有效减少。2017 年开始实施粮食产后服务体系建设，为种粮农民提供"代清理、代干燥、代储存、代加工、代销售"等"五代"服务，并同步实施农户科学储粮建设。同时，随着现代粮食仓储物流体系的不断完善，粮食储存、运输环节的损耗明显降低，品质保障能力不断提高。另外，积极引导粮油加工企业节粮减损，持续推进爱粮节粮宣传活动，对促进全社会节粮减损、反对浪费发挥了重要作用。

专栏 8　扶贫支援

2018 年，国家粮食和物资储备局深入学习贯彻习近平总书记关于扶贫工作的重要论述，认真落实党中央、国务院关于脱贫攻坚的决策部署，定点扶贫工作取得新进展新成效。

一是合力推进定点扶贫工作。国家粮食和物资储备局党组把定点扶贫工作摆在突出重要位置，及时调整充实局扶贫工作领导小组，先后 6 次召开党组会议和专题会议，研究部署做好定点扶贫工作，制定年度工作计划推动落实；机构改革后在司局新"三定"中明确定点扶贫支援工作职责，加挂"扶贫支援处"牌子加强力量；国家粮食和物资储备局进一步完善了党组统一领导、分管党组成员牵头负责、扶贫办协调推进、各司局单位按分工落实的工作机制。全年共有 100 人次（含 4 名局党组成员、各司局单位 96 人次）到阜南县实地调研督导，安排 5 名挂职干部实施"组团式"扶贫。

二是超额完成定点扶贫责任书任务。在机关党委、服务中心、研究中心、信息中心、交易中心、科学研究院、杂志社等共同努力下，全年实际投入帮扶资金 173.5 万元，完成率 100.8%；培训基层干部 290 名，完成率290%；购买及帮助销售贫困地区农产品 30.49万元，完成率 436%。此外，引进帮扶资金745 万元；培训致富带头人 510 名、技术人员150 名、贫困户 550 名；机关工会组织干部职工捐款 6.4 万元。

三是因地制宜实施产业特色扶贫。认真落实 2017 年度考核中发现问题的整改，把立足阜南县实际与发挥国家粮食和物资储备局职能及行业优势相结合，加强技术、信息、人才等支持和督促指导，加大特色产业扶贫力度。在2017 年底支持 2060 万元资金的基础上，又协调安排 725 万元资金继续支持阜南县实施"优质粮食工程"。其中，建设 11 个粮食产后服务中心，建成 7 个，有 2 个已投入使用；建成 1 个粮食质检中心并发挥作用；建成 1.5 万亩优质弱筋小麦连片种植示范基地，预计 1 万农民人均年增收 200 元；建立 100 亩弱筋小麦品种筛选试验田，为后续选择更优品种打基础。

四是着力提高帮扶实际成效。帮扶建成的文化广场、活动中心等公共设施受益群众超过8000 人，设立励志奖学金受益学生 717 名，通过光伏技术培训直接帮助 550 名贫困户脱贫，党建结对帮扶受益党员 132 名，捐赠价值 10.2万元的杂志，开展"老手拉小手，携手奔小康"教育扶贫、青年党员和团员"根在基层"调研、"写春联、献爱心"等活动。组织专家到实地培训指导，预防和解决种植病害，增强农民脱贫致富的信心。特别是坚持党建扶贫与扶志扶智相结合，对 1500 名贫困村党支部书记、两委班子成员、致富带头人、合作社、种粮大户和贫困户进行培训，增强脱贫内生动力，提高自我发展能力，得到中央和国家机关工委肯定，其简报登载了相关内容。

第七部分
粮食流通体制改革

一 粮食流通体制改革概述

2018 年 1 月，全国粮食流通工作会议在北京召开。会议强调，2018 年是贯彻党的十九大精神的开局之年，是改革开放 40 周年，是决胜全面建成小康社会、实施"十三五"规划承上启下的关键一年，也是粮食行业深化改革、转型发展的攻坚之年。会议要求，坚持稳中求进工作总基调，坚持新发展理念，坚持问题导向和底线思维，以供给侧结构性改革为主线，以实现高质量发展为目标，守住安全底线，努力构建更高层次、更高质量、更有效率、更可持续的粮食安全保障体系。

在机构改革方面，坚决贯彻党的十九届三中全会精神，按照党中央、国务院统一部署，扎实有力推进机构改革。国家粮食和物资储备局如期组建到位，"三定"规定编制、机构人员转隶、内设司局调整等任务顺利完成，职责有序交接，工作平稳过渡，实现了机构改革和业务工作"两不误、两促进"。《关于国家粮食和物资储备局垂直管理机构设置有关事项的通知》正式印发，明确垂直管理系统的机构设置和主要职责。各地粮食和物资储备部门按照党委、政府部署，认真做好机构改革工作。

在粮食收储制度改革方面，持续深化粮食收储制度改革，完善小麦、稻谷最低收购价政策，修订执行预案，进一步厘清各方责任，突出质量导向，优质优价特征更加明显。夏粮市场化收购比重超过 90%，秋粮市场化收购比重达 85%。各类企业全年收购粮食 36000 多万吨，

没有出现"卖粮难"。政策性粮食不合理库存消化进度加快，全年消化库存近 13000 万吨，超额完成年度目标任务。

在加强粮食储备管理改革方面，以服务宏观调控、调节稳定市场、应对突发事件和提升国家安全能力为目标，科学确定粮食储备功能和规模，改革完善粮食储备管理体制，健全粮食储备运行机制，强化内控管理和外部监督，加快构建粮食安全保障体系。

在推动粮食产业高质量发展方面，坚决贯彻习近平总书记关于"粮头食尾""农头工尾"的重要指示精神，粮食产业强国建设加力提效。认真落实《国务院办公厅关于加快推进农业供给侧结构性改革大力发展粮食产业经济的意见》（国办发〔2017〕78 号），30 个省级政府出台了实施意见，一批有针对性的政策举措效果显现。全国粮食产业经济总产值增幅达到 10% 左右，保持稳中向好势头。深化国有粮食企业改革，市场化经营能力有效提高。"优质粮食工程"支持范围和扶持资金规模进一步扩大。启动建设 4 个国家粮食技术创新中心和首个国家粮食技术转移中心。

在深化粮食流通监管改革方面，顺利完成年度粮食安全省长责任制考核，进一步强化考核导向性，考核"指挥棒"作用有效发挥。认真落实国务院办公厅《关于开展全国政策性粮食库存数量和质量大清查的通知》要求，扎实开展大清查试点，达到了试方案、验方法、测

系统、强队伍的预期目的，为全面清查工作奠定了良好基础。推行"双随机一公开"监管，依法从严查办涉粮案件。12325 全国粮食流通监管热线开通运行，拓宽了社会监督渠道。

二　粮食安全省长责任制考核

2018 年，粮食安全省长责任制国家考核工作组各成员单位按照第三次联席会议部署，切实加强组织领导，密切沟通配合，圆满完成了 2017 年度考核工作。为认真做好 2018 年度考核工作，在总结借鉴"首考"经验的基础上，8 月，国家考核工作组成员单位联合向各省级人民政府印发了《2018 年度考核工作通知》（发改粮食〔2018〕1142 号），出台了考核评价细则和评分方法。各省（区、市）按照国家考核工作组的部署要求，扎实开展工作，取得了积极成效。

（一）切实加强组织领导

各省（区、市）高度重视粮食安全省长责任制考核工作，加大组织领导力度。有 26 个省份考核工作组组长由省级人民政府领导同志担任，13 个省（区、市）将粮食安全省长责任制落实情况纳入省级政府或党政领导班子绩效考核。

（二）强化日常监督考核

各省（区、市）考核工作机制进一步健全，上传下达、协调左右的作用充分发挥。各地逐步完善粮食安全省长责任制落实台账制度，及时调度重点任务完成情况。对工作进度慢、工作质量不高、重点任务落实不力的，立即进行督导。国家考核办及时掌握各地动态，对考核工作的典型做法，以及落实省长责任制的突出成效，编印工作简报供各地学习借鉴。通过以点促面，营造氛围，形成合力，进一步强化日常监督考核工作。

（三）认真开展考核自评

各省（区、市）及时制订考核工作方案，梳理和分解考核事项，明确责任部门和具体要求，确保考核工作扎实有序推进。为敦促各地按时高质量完成自评，国家考核办专门发文部署，对时间节点、工作纪律等提出明确要求。海南省在省级政府自评期间，将每月自评情况报送省政府督查室，督促各部门落实自评工作。河北省机构改革期间仍由原责任部门组织落实省级自评，确保了考核工作的连续性和严肃性。浙江省严格按照"考核进度、考核质量双保障"的要求，加大力度，倒排工期，确保如期完成考核任务。内蒙古自治区细化分解自评任务，梳理问题，建立台账，专题研究加以解决。

（四）充分发挥考核"指挥棒"作用

通过考核，各省级人民政府对贯彻落实党中央、国务院关于粮食安全决策部署的重视程度明显提高，粮食安全责任意识明显增强，大多数省份将粮食安全工作写入政府工作报告或列入政府年度重点工作；省级党委、政府主要领导同志和分管负责同志专题研究部署、督导落实力度明显加大。各省（区、市）坚持问题导向、底线思维，提高政治站位，强化责任担当，认真开展考核发现问题的整改工作，以整改推动粮食安全省长责任制落实；充分注重考核结果应用，切实做到奖优罚劣，鼓励先进、鞭策后进，真正发挥考核"指挥棒"的导向作用。

三 粮食收储制度改革

国家有关部门认真落实国务院部署，深入推进粮食收储制度改革。一是修订完善小麦和稻谷最低收购价执行预案。适当下调最低收购价格水平，使价格水平更好地反映市场供求，调整预案启动条件和程序，厘清各方责任，突出质量导向，支持地方和企业扩大市场化购销，实现由政策性收储为主向政府引导下市场化收购为主的转变。二是巩固放大玉米和大豆改革成果。进一步强化形势研判和市场监测，充分发挥中央企业和地方大型骨干企业引领带动作用，鼓励和引导多元主体积极入市开展市场化收购。建立健全粮食收购贷款信用保证基金融资担保机制，完善粮食铁路运输需求与运力供给对接机制，改革效应不断释放，市场购销活跃，供求关系逐步改善。三是积极指导新疆维吾尔自治区粮食和物资储备局开展小麦收储制度改革。按照"市场定价、价补分离"的原则，建立了"政府引导、市场定价、多元主体收购、生产者补贴、优质优价、优质优补"的小麦收储新机制。

专栏9　粮食市场化收购资金保障长效机制建设

近年来，随着粮食收储制度改革的不断深入，粮食市场化收购逐渐成为主导，企业对粮食市场化收购资金的需求日益迫切。由于粮食行业特殊性，粮食企业特别是基层企业有效资产不足、资信等级不高，企业市场化收购粮食"融资难、融资贵"问题比较突出。

为支持企业"有钱收粮"，更好地保护种粮农民利益，建立粮食市场化收购资金长效保障机制，国家粮食和物资储备局积极协调农发行、财政部、原银监会等部门单位联合印发了粮食收购贷款信用保证基金实施方案，同时，指导各地认真落实《国务院办公厅关于加快推进农业供给侧结构性改革　大力发展粮食产业经济的意见》(国办发〔2017〕78号)和《关于深化粮食产销合作　提高安全保障能力的指导意见》(国粮发〔2018〕155号)，争取财政、中国银行保险监督管理委员会、中国农业发展银行等部门和有关地方政府支持，通过组建运行粮食收购贷款信用保证基金，帮助粮食企业融资增信，获取收购贷款。各地尤其是粮食主产省份积极响应，推动基金组建运行，在缓解粮食企业"融资难、融资贵"、推动粮食收储制度改革、保护种粮农民利益等方面发挥了重要作用。

截至2018年底，全国共有内蒙古、辽宁、吉林、黑龙江、江苏、安徽、河南、新疆、广西9个省份组建运行了粮食收购贷款信用保证基金等融资担保机制，多个省份正在筹备建立。各地基金总规模超过60亿元，2016年粮食收储制度改革以来，通过基金累计向粮食企业发放收购贷款超过500亿元。目前，粮食市场化收购资金长效保障机制初步构建，保障能力显著增强，有效地支持了企业市场化收购，促进了粮食收储制度改革，保护了种粮农民利益，保障了国家粮食安全。

四 粮食流通统计制度改革

2018 年，各级粮食行政主管部门继续深入推进粮食流通统计制度改革，认真履行行业统计职责，坚持创新完善机制方法，统计服务和统计监测能力不断提升。

（一）修订完善粮食流通统计制度

开展专项调研、充分听取各方意见，完成《国家粮食流通统计制度》修订。优化完善统计指标体系，增加反映高质量发展情况的指标，将部分指标的调查频率由月报改为季报，大大减轻了基层工作负担。制定《关于防范和惩治粮食流通统计造假弄虚作假责任制规定（试行）》，健全统计数据质量控制体系，确保统计数据真实可靠。

（二）完成国家粮油统计信息系统二期开发

报表查询分析、数据质量审核、快速调查等模块通过验收，正式上线运行，减轻了各级统计人员的工作负担，提高了统计报送查询的便捷度和统计信息的时效性。利用快速调查模块先后开展了玉米、小麦、秋粮收购问卷调查，拓展了信息来源。开发新疆小麦收购日报模块，支持新疆开展小麦收储制度改革。

（三）编制粮食收购价格指数

依托全国 31 个省（区、市）的 1072 个市场监测直报点，持续、稳定、准确地采集大量价格信息，研究编制了粮食收购价格指数，结合"国家粮油统计信息系统"二期开发，实现了指数的自动生成、实时更新和可视化展示，更准确地反映市场价格变动状况，更好地服务粮食宏观调控。

（四）持续提升统计监测服务能力

密切跟踪监测粮食市场价格，加强对粮食市场形势的跟踪监测分析，研判可能出现的苗头性、倾向性、潜在性问题，提出有针对性的建议，更好地服务决策和指导工作。做好大豆市场监测工作，每周采集分析全国 126 家重点大豆收储和加工企业的收购、加工、销售、库存及价格等情况。不断完善信息发布制度，通过国家粮食和物资储备局网站和《中国粮食经济》等媒体及时发布粮食购销数量、收购进度、市场价格等信息，合理引导市场预期。

五 国有粮食企业经营与管理

2018 年，国家粮食和物资储备局指导各地粮食部门及有关央企不断推进粮食行业深化改革、转型发展，进一步加强对企业经营管理指导，成效明显。2018 年国有粮食企业共实现利润 130.9 亿元，连续十二年统算盈利，继续保持了良好发展态势。

（一）基本情况

企业户数微增，人员继续精简，结构进一步优化。2018 年末，纳入汇总范围的国有粮食企业 1.2 万户，从业人员 38.2 万人。随着国有粮食企业改革的深入推进，企业结构不断优化，改革发展质量效率不断提升。职工收入连年增加，切身利益得到保障。2018 年，国有粮食企业职工平均工资收入 7 万元，增幅 12.6%，超过全国平均水平 1.6 个百分点。绝大部分职工都参加了基本养老保险、基本医疗保险等，职工切身利益得到了保障。

（二）资产情况

总资产和净资产"一降一增"，资产质量不断提高。受政策性粮食"去库存"等影响，截至 2018 年末，全国国有粮食企业资产总额 2.3 万亿元，负债总额 2 亿元，净资产 0.3 万亿元，同比增长 13%。仓储物流设施等固定资产和土地资产"双增加"，保障国家粮食安全的能力持续增强。从 2017 年开始实施"优质粮食工程"与粮食安全保障调控和应急设施专项等行业重大项目以来，国家和地方及粮食企业进一步加大投资力度，国有粮食企业 2018 年末固定资产净额和在建工程之和达到 2806.9 亿元，增幅 10.5%，为保障国家粮食安全提供了物质基础。固定资产中，2018 年末土地、房屋及构筑物等合计 2594.9 亿元，同比增长 14.7%，国有粮食企业通过土地从划拨变为出让等方式，增加企业有效资产，进一步提高了融资担保能力。

（三）经营情况

利润总额实现连续十二年统算盈利，保持良好发展态势。2018 年，政策性粮食"去库存"力度进一步加大，全国国有粮食企业主营业务收入 8795.3 亿元，同比增长 17.3%。实现利润总额 130.9 亿元。分地区看，27 个省（区、市）实现统算盈利，其中北京、广东、黑龙江、上海、江苏、安徽、浙江、云南、福建 9 省（市）盈利超亿元。

专栏 10　全国粮食和物资储备系统深化改革转型发展大讨论

"深化改革、转型发展"大讨论开展一年来，得到了各级粮食和物资储备部门、广大企事业单位、系统干部职工的热烈响应。大家围绕活动主题，深入开展大学习、大调研、大督导、大落实，加快"三个转变"，推动"三破三立"，落实"六项重点任务"，自觉"学中央精神、明方向大势，转思想观念、谋改革发展，强责任担当、提工作水平"，活动成效得到了各方面高度认可。

（一）大讨论活动取得显著成效

坚持把迎接、学习、贯彻党的十九大精神贯穿大讨论活动始终，把全面落实习近平总书记关于粮食和物资储备的重要讲话指示贯穿始终，把认真贯彻中央领导同志关于粮食行业深化改革转型发展的重要指示精神贯穿始终，把转变和优化部门职能、积极落实党中央关于机构改革的决策部署贯穿始终，把强化干部担当作为和激发干事创业热情贯穿始终，把凝聚思想共识和推动工作落实贯穿始终。实践证明，国家粮食和物资储备局党组关于深入开展大讨论活动的决策是完全正确的，关于这次活动的一系列部署是完全正确的，为机构改革后更好地履行党中央国务院赋予的职责，奠定了坚实思想、作风和专业基础，必将对下一步深化改革转型发展产生积极而深远的重要影响。

1. 通过深入开展大学习，切实提高了政治站位、统一了思想认识。国家粮食和物资储备局党组高度重视大讨论，局党组书记、局长张务锋先后作出 20 余次批示指示。国家粮食和物资储备局编印习近平总书记重要讲话批示摘编、党的十九大学习材料摘编等学习材料，创办"粮食流通改革发展论坛"和"国储论坛"，组织举办 8 次视频报告会，邀请陈锡文、韩俊、王一鸣、陈理等专家作辅导报告。上海、江苏、江西、福建、广东、广西、云南、西藏等党委、政府主要领导或分管领导同志分别对大讨论作出批示或听取汇报。各级粮食和物资储备部门负责同志高度重视，亲自率战，共举办各类报告会、研讨会、座谈会、经验交流会 3000 余次。山西、黑龙江、江苏、安徽、福建等省粮食部门分别创建"晋粮论坛""处长大讲堂""金谷大讲堂""粮食大讲堂""良友论坛"等学习平台。吉林省粮食局在网站推出《一日一课——十九大报告天天学》专栏。内蒙古自治区粮食局编印《十九大应知应会口袋书和名词汇编》。通过深入学习研讨，加深了对习近平新时代中国特色社会主义思想和党的十九大精神的理解，深化了对"为什么改""怎么改""往哪转""怎么转"等重要问题的思考，强化了自觉改、主动转的思想和行动自觉。

2. 通过认真组织大调研，切实转变了工作作风、推动了实际问题解决。大讨论期间，各级粮食和物资储备部门共组织各类调研 1500余次，形成高质量调研报告 1100 余篇，报送中共中央办公厅的一篇调研报告得到习近平总书记批示。原国家粮食局随大讨论方案同步印发 4 方面 20 个调研题目，供各地参考。2018年，分 3 批确定 64 个重点调研课题，原国家粮食局党组同志领题带头深入基层一线进行调研，专题听取重点调研成果汇报。创新完善粮食宏观调控、加快粮食立法修规等成果已转化为相关政策措施。2018 年，印发《关于大兴调研之风加快推动粮食流通改革发展的意见》，开展"1+N"专题调研，重点对黑龙江省推动粮食产业高质量发展"解剖麻雀"。组织 8 次"请进来"座谈会，主动听取各方面意见建议。建立特约调研员制度，首批 80 名同志正式"上岗"。各地粮食和物资储备部门结合实际，积极开展上下联动共同调研、跨部门跨省份联合调研，查问题找"短板"，谋思路想对策，切实提高调研实效。山东省粮食局通过调研列出 70 个需要解决的问题，提炼 44 个改革发展亮点，建立清单、动态管理。黑龙江省粮食局认真落实"农头工尾""粮头食尾"要求，积极推动水稻就地加工，实施大米市场营销"百日攻坚行动"，强化"龙江大米"品牌建设，多措并举加快建设粮食产业强省。湖南省粮食局探索实施"精准弹性启动托市收购政策"，相关做法建议被吸纳到全国粮食收储制度改革方案。新疆维吾尔自治区粮食局推动小麦收储制度改革，完善直补政策，调优种植结构，改革成效初显。广西壮族自治区粮食局探索实行"对种粮农民直接补贴与储备粮订单收购"挂钩，实现维护种粮农民利益和优化区级储备粮

品种结构的"双赢"。河北省粮食局从制度机制层面强化应急能力建设，先后制订印发《粮食质量安全监管实施细则》《粮食仓储企业安全风险辨识与管控分级指南（试行）》等制度文件。湖北省粮食局高点定位、突出特色，认真务实抓好首批 10 个"优质粮食工程"试点示范县市建设。山西省粮食局积极打造"山西小米"区域公共品牌，带动农民增收，助推脱贫攻坚。吉林省粮食局集中力量打造大米"白金名片"，提高品牌附加值，推动企业增效、农民增收、优粮优价。云南省、西藏自治区粮食局积极打造薏米、青稞等具有高原特色的粮食品牌和产业集群，推动粮食产业绿色化、产业化、品牌化发展。四川省粮食局力推以"赏花观光、休闲度假、浓香菜籽油加工"为主要内容的一、二、三产业融合发展模式，提高产业发展质量效益。

3. 聚焦担当作为，切实激发了干事创业热情、凝聚了创新发展强大合力。 原国家粮食局出台关于激励干部担当作为干事创业的实施意见；组织首次粮食流通改革发展青年论坛，展示讨论成果、培养锻炼年轻干部。广大干部职工积极参与献一策和撰写征文等活动，原国家粮食局共收到各类合理化建议 1200 余条，征文 1400 余篇，评选出全国优秀建议 36 条，一、二、三等奖优秀征文 36 篇。宁夏回族自治区粮食局开展以"亮身份、亮标准、亮承诺，比学习、比作风、比技能、比纪律、比担当、比业绩"和"服务基层、服务企业、服务社会"为主要内容的"三亮六比三服务"党建活动，调动干部干事创业热情。甘肃省粮食局主动担当作为，分重点发展、支持发展、限制发展和逐

步淘汰 4 类，优化地方储备粮储存库点整体布局。贵州省粮食局认真落实人才兴粮部署，建设食品工程职业学院作为行业人才培育基地。天津市、广东省粮食局通过签订产销合作协议、高效利用"公共仓"等方式，推动与黑龙江等主产区稳定合作，保障销区粮食供应安全。辽宁省、海南省粮食局着力打造"东北粮网"和"智慧海粮"，加快信息化建设，提高粮食流通现代化水平。中粮集团着力打造农业综合服务平台，建设更加紧密的农企利益共同体。供销集团推广"供销E家"等新型农产品零售业态，推动线上线下融合发展。

4. 培树先进典型，切实树立了行业新形象、开创了工作新局面。国家粮食和物资储备局编发 80 期大讨论简报，交流推广各地典型经验和优秀成果。活动期间向党中央、国务院报送专报 96 份，其中 60 份得到领导同志批示；积极向中共中央办公厅、国务院办公厅报送信息，被中共中央办公厅采用 23 期、国务院办公厅采用 74 期。《人民日报》等中央主流媒体对活动情况进行了宣传报道。各级粮食部门普遍在官方网站、行业媒体开设专栏，形成"网、刊、报"立体宣传态势。江苏、浙江、山东等省粮食局积极推动将粮食安全保障立法列入地方人大、政府立法规划，加快立法修规步伐，提高依法行政水平。北京市粮食局动态调整行政职权事项，优化简化流程手续，提高服务效率，强化对社会化涉粮企业的监督检查。青海省粮食局制定"710"台账管理制度和工作定期督查通报制度，一般事项必须在 7 天内办结，复杂事项 1 月内要有结果，所有事项当年年底清零销号。浙江省粮食局加快推

进"最多跑一次"改革，细化办事指南，方便群众办事。江苏省粮食局开发国内首款粮食购销 APP，运用现代信息手段方便农民售粮。河南省粮食局以推动落实"四优四化"工程为抓手，着力探索"优粮优价"机制，2017 年收购优质小麦帮助农民直接增收近 2.5 亿元。上海市粮食局在基层收购库点配置烘干清理设备，提供专业化服务，减少粮食产后损失。陕西省粮食局对 14 户粮食龙头企业实施"一企一策"扶持，提高服务针对性、实效性。重庆市粮食局推动建设优质粮食品牌溯源监管体系，加强粮食质量监管，保障"舌尖上的安全"。

5. 强化实践运用，推动了粮食和物资储备重点工作上台阶、提水平。把大讨论作为推动重点工作向纵深发展的强大动力，坚持两手抓、两促进，推动讨论成果转化为实际成效。一是粮食收储制度改革稳步实施。扎实做好玉米收储制度改革组织实施相关工作，会同有关部门完善粮食最低收购价政策，使价格水平更好地反映市场供求。积极稳妥消化不合理粮食库存，2018 年上半年库存消化比 2017 年同期增加 70%，进度明显加快。二是粮食立法修规取得新进展。"粮食安全保障立法"任务写入 2018 年中央一号文件，积极争取有关部门支持，推动各方形成立法共识；认真做好修订《粮食流通管理条例》工作，加快修订工作进程。顺利完成粮食安全省长责任制"首考"，完善年度考核方案，优化指标、突出重点，强化考核导向性和实效性。三是粮食产业经济发展势头良好。推动印发《国务院办公厅关于加快推进农业供给侧结构性改革大力发展粮食产业经济的意见》，在山东滨州召开现场经验交

流会，与农发行联合开展粮油产业化龙头企业审核认定和重点扶持工作，积极筹备召开粮食产业经济第二次现场经验交流会、首届粮食交易大会、粮食产业强国学术报告会。深入实施"优质粮食工程"，建成粮食产后服务中心248个，支持建设412个粮食质检机构，遴选公布首批162个"中国好粮油"产品。四是粮食流通监管进一步加强。全面开展安全隐患"大排查、快整治、严执法"集中行动和跨省交叉执法检查，深入整改突出问题；认真筹备全国政策性粮食库存数量质量大清查，在10个省开展试点，2019年全面铺开清查；开通12325全国粮食流通监管热线，接受案件举报投诉，发挥社会监督作用，帮助群众挽回拖欠售粮款7000余万元。五是科技兴粮、人才兴粮取得明显进展。分别与有关部门联合印发实施意见，成功举办粮食科技活动周、全国粮食行业人才供需对接会等重大活动，着力深化科技机制改革。六是稳妥推进机构改革。把物资储备系统干部职工纳入大讨论，围绕"加快构建统一的国家物资储备体系、提升应对突发事件能力"等重大问题进行深入研讨。七是认真抓好安全稳定廉政工作。召开系统视频会、物资储备系统安全稳定廉政工作汇报会，派出10个工作组进行专项督查，签订安全稳定责任书和党风廉政建设责任书，层层落实责任，为深化改革转型发展奠定坚实基础。

（二）大讨论活动的有益启示

1. 深化改革转型发展，必须提高政治站位，认真落实总体国家安全观。只有切实讲政治顾大局，自觉从政治高度思考谋划粮食和物资储备工作，以总体国家安全观为指引，做好系统改革发展各项工作，才能更好地服务保障国家安全和宏观调控。

2. 深化改革转型发展，必须解放思想更新观念，坚持向改革要动力、向转型要活力。思路决定出路，理念决定发展。只有把解放思想、转变观念作为改革发展先导，才能有效破除传统观念、习惯做法、路径依赖的负面影响，不断增强改革发展内生动力。只有主动转变发展方式，牢固树立新发展理念，认真落实高质量发展要求，才能切实适应新时代新要求，全面提升粮食和物资储备发展质量和效益。

3. 深化改革转型发展，必须强化创新引领，充分发挥科技人才对兴粮兴储的支持作用。发展是第一要务、创新是第一动力、人才是第一资源。只有认真实施科技兴粮兴储战略，才能有效激发创新创优活力，全面提高科技创新水平。只有努力培养造就一大批适应新时代发展需要的高素质专业化人才队伍，全面增强"八种本领"，才能为粮食和物资储备改革发展奠定坚实人才智力基础。

4. 深化改革转型发展，必须勇于担当积极作为，切实抓好班子带好队伍。只有认真贯彻新时期好干部标准和中央关于激励干部新时代新担当新作为的意见，突出抓好领导班子建设，带头履职尽责，带头担当作为，带头承担责任，才能有效激励干部担当作为，干事创业。只有持续深入推进"放管服"改革，主动转变职能，强化监管、优化服务，才能切实增强部门创新力执行力公信力，更好地推动粮食和物资储备改革发展。

5. 深化改革转型发展，必须要加强调研，充分发挥典型示范引领作用。只有通过深入调研，才能真正摸清情况、找准症结、汇集智慧、谋定后动，确保改革发展正确方向。只有积极推动抓重点出亮点树典型，以点带面、强化引领、示范带动，才能切实形成比学赶超的浓厚氛围，加快改革发展步伐。

6. 深化改革转型发展，必须要始终守牢底线，扎实做好安全稳定廉政各项工作。只有切实强化问题导向，强化底线思维，增强忧患意识，以严之又严、实而再实的作风，把安全稳定廉政各项工作任务要求落实落细落到位，才能为改革发展营造风清气正、和谐稳定良好环境。

（三）巩固放大大讨论活动成果

作为一次活动，大讨论已经圆满画上句号。但作为一项战略任务，深化改革、转型发展永远在路上。要把大讨论达成的共识、明确的思路转化为实实在在的举措，不断把粮食和物资储备深化改革、转型发展引向纵深。

1. 进一步强化理论武装，切实提高政治站位。坚持用习近平新时代中国特色社会主义思想武装头脑，深入学习贯彻总体国家安全观，加强学习、与时俱进，不忘初心、牢记使命，坚决维护习近平总书记核心地位，坚决维护党中央权威和集中统一领导，始终在思想上政治上行动上同以习近平同志为核心的党中央保持高度一致，切实把党中央关于粮食和物资储备的各项决策部署不折不扣落到实处。

2. 进一步深化"三个转变"，开创改革发展新局面。按照中央关于深化党和国家机构改革决定和方案的部署，扎实推进机构改革，认真履行党中央国务院赋予的职责职能，自觉对标新时代新职责新要求，持续转观念、转职能、转方式；粮食和物资储备系统应以纪念改革开放40周年为契机，切实从改革开放的历史中汲取智慧力量，加快解放思想、更新观念，努力形成粮食和物资储备深化改革、转型发展的新格局。

3. 进一步强化担当作为，狠抓任务落实。大讨论活动形成了一批重要成果，特别是国家粮食和物资储备局党组相继出台了《关于全国粮食和物资储备系统深化改革转型发展的决定》《关于全国粮食和物资储备系统加强安全稳定廉政工作的决定》和《关于进一步激励广大干部新时代新担当新作为的实施意见》（简称"两决定一意见"）。全系统广大党员干部要以强烈的政治担当、责任担当和历史担当，增强本领、奋发作为，锐意进取、攻坚克难，全面贯彻"两决定"和讲话各项部署安排，以钉钉子精神逐条逐项抓好落地落实，推动深化改革、转型发展不断取得新的更大成就。

第八部分

棉花和食糖储备

一 棉花和食糖市场运行

（一）棉花市场运行

1. 棉花产量增加

2018 年，我国棉花生产形势较好，种植面积回升，单产提高，总产增加。据国家统计局统计，2018 年我国棉花种植面积 335.23 万公顷，同比增加 15.76 万公顷，增长 4.9%；单位面积产量 1818.3 公斤 / 公顷，同比增加 49.2 公斤，增长 2.8%；棉花总产量 609.6 万吨，同比增加 44.4 万吨，增长 7.8%。由于棉花目标价格改革继续实施，我国棉花生产进一步向新疆优势产区集中。据统计，2018 年新疆棉花种植面积 249.13 万公顷、产量 511.1 万吨，分别占全国的 74% 和 84%，比上年提高 3 个百分点。

2. 棉花消费量下降

受经济下行压力加大和贸易环境不确定性因素增加等影响，2018/2019 年度国内棉花消费可能有所下滑。中国棉花协会测算，2018/2019 年度国内棉花消费量为 823 万吨，同比减少约 32 万吨，减幅 3.7%。

3. 棉花价格波动加大

在棉花存在较大产需缺口且供应趋紧预期不断增强的情况下，2018 年国内棉花市场价格波动明显加大。中国棉花现货价格指数显示，1~5 月初棉花现货价格总体平稳，在 15600 元 / 吨左右窄幅波动。5 月中旬，市场借新疆不利天气进行炒作，推动棉花价格快速上涨，6 月初已涨至 16900 元 / 吨，上涨超过 1300 元 / 吨。随着市场预期趋于稳定，棉花价格逐步回落至 16200 元 / 吨左右，此后保持基本稳定。10 月以后，受中美经贸摩擦等不利因素影响，棉花价格走弱，逐步降至 12 月底的 15400 元 / 吨左右。2018 年中国棉花现货平均价格为 15880 元 / 吨，同比均价略低，约 50 元 / 吨。

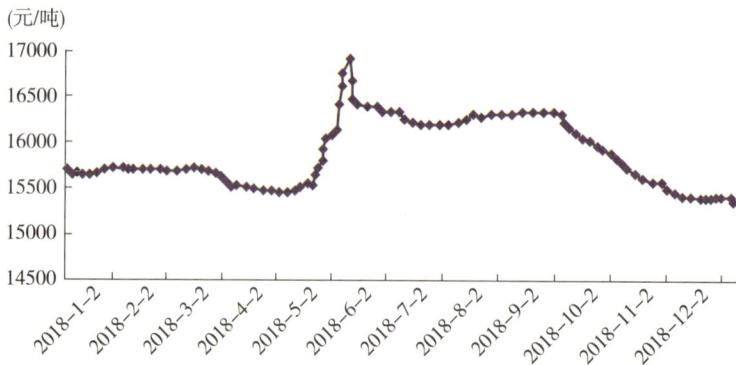

图 8-1　2018 年中国棉花价格指数走势（3128B 品种）

4. 储备投放有序进行

2018 年，有关部门继续有序推进国家储备棉库存消化。从 3 月 12 日开始至 9 月 30 日结束，全年共投放储备棉 431 万吨，实际成交 251 万吨，成交率 58%。其中，新疆棉成交 156 万吨，占成交总量 62%，地产棉成交 95 万吨，占成交总量 38%。平均成交价格 14770 元／吨。

（二）食糖市场运行情况

1. 食糖产量增加，消费市场平稳

据中国糖业协会数据，2017/2018 年度，全国种植糖料面积 137.6 万公顷，同比减少 2 万公顷，下降 1.4%。由于甘蔗单产和甜菜产糖率提高，全国食糖产量连续两年恢复性增长。本年度累计产糖 1031 万吨，较上年度增加 102.2 万吨，增长 11%。其中，甘蔗糖 916.1 万吨，增长 11.2%；甜菜糖 115 万吨，增长 9.8%。全国食糖消费量 1510 万吨，与上年度持平。其中，民用消费比例升至 42%，工业消费比例降至 58%。

2. 糖料入榨量提高，农民收入增加

据中国糖业协会数据，2017/2018 年度糖料入榨量为 8695.4 万吨，同比增加 890.5 万吨。本年度糖料收购价格与上年度基本持平。其中，甘蔗平均收购价（地头价，不含运输及企业对农民各种补贴费用等，下同）为 490 元／吨；甜菜平均收购价 491 元／吨。由于糖料收购价格稳定和糖料产量增加，农民种植糖料收入同比增加 39.1 亿元。

3. 糖价大幅下跌，糖企亏损严重

受国际糖价低迷影响，2017/2018 年度国内糖价持续下跌。纽约原糖期货价格从期初的 14.3 美分／磅跌至期末的 10.4 美分／磅，南宁现货价格从 6610 元／吨跌至 5180 元／吨，跌破 5900 元／吨的制糖企业生产成本。据中国糖业协会统计，2018 年度全国制糖行业亏损 19.2 亿元；实现财政税收 30.2 亿元，较上年度减少 4.1 亿元。

二　棉花和食糖储备管理

（一）顺利完成管理职责交接

根据《深化党和国家机构改革方案》（中发〔2018〕11 号），国家发展和改革委员会的中央储备棉管理职责、商务部的中央储备糖管理职责划入国家粮食和物资储备局。2018 年 4 月国家粮食和物资储备局挂牌后，加强与国家发展改革委、商务部沟通会商，推动储备棉糖管理职责交接，确保了改革期间各项工作不出现断档，实现职责职能平稳过渡。9 月，明确了司局单位职责分工，配备了人员力量，有序推动储备管理各项工作。

（二）加强中央储备棉管理

2018 年，国家发展和改革委员会牵头推进储备棉库存消化，3 月 12 日至 9 月 30 日，通过全国棉花交易市场公开挂牌销售国家储备棉，全

年累计轮出 251 万吨。投放过程中采用市场化的定价机制，投放底价与国内外现货价格挂钩联动并定期调整，促使内外棉价差保持在合理水平，为纺织企业参与国际竞争创造了有利条件。

（三）加强中央储备糖管理

国家粮食和物资储备局认真落实年度计划任务，先后组织赴广西、广东、海南等地，对储备糖管理情况进行实地调研，广泛征求意见建议，深入研究规范储备管理、完善体制机制的思路举措。指导华商储备商品管理中心通过一体化管理方式加强对中央直属库管理，采取驻库监管等方式加强对社会代储库监管，确保中央储备糖数量真实、质量合格和储存安全。

第九部分

物资储备

一　战略物资储备管理

（一）夯实物资管理工作基础

1. 加强监督检查

采取现场检查、调研座谈及问询等方式，定期或不定期对物资管理工作进行监督，对物资储存情况进行检查，确保物资储存管理相关规章制度的严格贯彻落实。一是赴多地国家储备仓库开展非金属物资储存情况专项检查。二是赴内蒙古自治区开展企业代储物资储存情况检查。三是开展稀土商业储备监管情况检查。

2. 开展仓库安全整治专项工作

对相关类型仓库的设施设备状况开展全面排查，针对发现的安全隐患，积极争取有关部门和地方政府的支持，进行集中整改，提升仓库安全作业和储存能力，为物资出入库工作做好准备。

3. 提高管理标准化水平

一是推动标准研究和编制工作。国家粮食和物资储备局标准编制承担单位密切沟通加强协调，加快标准规范的研究制定工作。二是加快标准规范研究阶段性成果的转化工作。在有关采购方案编制过程中，积极推行相关质量、包装标准，提高库存物资的标准化水平。三是通过督促指导、调研座谈等方式，不断提升垂管局和储备仓库物资管理标准化水平。

（二）积极发挥国家储备政府引导作用

1. 加快调整和优化储备品种结构

一是调整库存规模，减轻财政压力。二是储备品种更加丰富，支持国防能力建设，促进高技术发展，保障国家经济安全。三是结合采购、轮换、销售工作，不断优化产品布局。

2. 积极发挥作用，拓展储备功能

积极探索新形势下国家储备发挥作用的新方式、新途径和新机制。收储工作注重与产业政策协调配合，推动供给侧结构性改革。同时，支持一些重要产业，具有鲜明特色。一是发挥资源调配作用，支持新兴先进产能。国家收储在增强储备实力的同时，也大力支持了企业正常生产运行，为保护处于初创阶段的先进产能提供了条件，为推动产业生存发展提供了条件。二是发挥储备需求引导作用，支持重要行业生存发展。实行国家收储，采取储备长期需求与生产短期需求相结合的做法，使企业能够产生稳定的预期，促使其加大投资、扩大产能，客观上实现了国家保护关键产能的目的。

二 应急物资储备管理

2018 年，国家粮食和物资储备局与应急管理部、水利部等相关单位密切配合，紧密衔接，建立工作机制，完善工作预案，通力协作，高效有序完成了中央救灾物资管理职责交接工作，稳妥有序做好中央防汛抗旱物资储备管理职责交接，确保交接期工作不断档，为2019 年做好各项工作打下了良好的基础。

（一）全力做好中央救灾物资管理职责交接

自 2018 年 5 月 4 日以来，国家粮食和物资储备局与应急管理部，通过领导高层会商、司级层面对接和实地调研等工作的开展，有序推进救灾物资管理工作。截至 2018 年底，中央救灾物资储备管理职责交接工作圆满完成。

一是建立工作机制。双方协商制定《中央救灾物资储备管理职责交接方案》，明确交接方式、原则和内容，提出有关要求。扎实开展交接工作，交接资料共 4 类 32 件，其中，规章制度 7 件，经费管理 4 件，物资管理 18 件，仓库管理 3 件。收集了 13 个中央本级库和 7 个中央代储库以及储存救灾物资的影像资料。7 月 31 日，张务锋局长与应急部郑国光副部长就职责交接工作进行会商，形成了《应急管理部 国家粮食和物资储备局关于中央救灾物资管理职责交接工作的会商纪要》（以下简称《会商纪要》），明确双方职责关系、救灾物资调运、预案对接与机制建立，以及中央救灾物资储备库管理体制和运行机制，为今后开展工作

提供了遵循；按照《会商纪要》，建立了司局层面工作机制，先后就细化预案衔接、应急工作机制、年度需求计划、采购计划、信息共享、储备库储存管理等方面定期协商，有效推进交接工作。二是开展联合调研。与应急管理部赴福建、上海开展救灾物资储备管理调研，通过查阅资料、实地察看、与地方主管部门和直属库主要负责人座谈交流等方式，了解中央救灾物资储备库信息化建设、救灾物资品种、储备业务操作以及储存管理和地方救灾物资储备库改革等情况，掌握第一手资料。通过联合调研，进一步完善应急协调机制，逐步建立分层分级会商协调机制，加强应急工作交流协商，确保应急指挥调度畅通，及时、高效完成物资调运工作。三是建立高效调运机制。按照"三定"规定和双方职责分工，国家粮食和物资储备局负责依据应急管理部的动用指令按程序组织调出中央救灾物资，为做好与应急管理部的预案衔接，编制了《中央救灾物资调运应急预案》，包括工作原则、目标要求、组织指挥体系及职责、中央救灾物资准备和应急响应等具体要求，作为突发重大自然灾害应急保障的重要指导。四是顺利召开工作座谈会。中央救灾物资储备管理职责交接完成后，及时组织 18 个省粮食和物资储备局（粮食局）和储备物资管理局（办事处）、20 个中央救灾物资储备库主要负责同志召开座谈会，深入讨论研究 2019 年救灾物资管理工作，提出下一步工作要求。

（二）稳妥推进中央防汛抗旱物资交接

按照国务院领导在《关于防汛抗旱职责划分有关问题初步研究意见》批示精神，中央防汛抗旱物资的收储、轮换和日常管理等工作由国家粮食和物资储备局承担。按照张务锋局长、梁彦副局长务必完成好国务院领导交办任务的要求，与水利部、应急管理部紧密衔接交接工作，确保交接期工作不断。

一是建立交接期工作机制。交接工作开展以来，建立司局层面沟通机制，共同制定了《中央防汛抗旱物资管理职责交接方案》，围绕交接方案涉及职责分工、完成节点、预算执行、调运程序等方面认真研究，明确交接工作责任主体，建立交接期应急调运机制。二是高效推进交接工作。圆满完成物资账交接，完成中央防汛抗旱物资的资料和物资台账交接，其中，共移交资料 171 份，主要包括管理制度、采购入库、调运出库、核销报废四个方面，对中央防汛抗旱物资储备布局、规模及汛前、汛中、汛后物资储备管理工作有了清晰的认识，为下一步继续做好中央防汛抗旱物资储备管理工作打下了良好的基础。积极做好预算划转，与水利部积极协调，认真按照财政部安排，共同完成 2019 年"二上"预算和三年支出规划，

保证了 2019 年物资采购和管理费正常划拨。三是共同开展联合调研。会同水利部和应急管理部有关同志赴中央防汛抗旱物资肇庆库、武汉库开展了联合调研，学习借鉴储备仓库在物资管理、应急调运、专业化维护保养方面的好经验、好做法。

（三）中央救灾物资和中央防汛抗旱物资基本情况

截至 2018 年底，共有 20 个中央救灾物资储备库（重庆库暂未储物资）。中央救灾物资储备总数为 171 万顶（件、床、套、张、个），主要由救灾帐篷、救灾被服和救灾装具等三大类共 16 种物资，总价值 78700 万元。依据《中央救灾物资储备管理办法》进行物资储备、调运和日常管理。

全国共有 29 个中央防汛抗旱物资储备仓库（贵阳库尚在建设中，暂未储物资），中央防汛抗旱物资价值 6.14 亿元，其中防汛物资 3 大类 48 种，价值 4.16 亿元；抗旱物资 2 大类 26 种，价值 1.98 亿元。依据《中央防汛抗旱物资储备管理办法》《中央防汛抗旱物资储备管理办法实施细则》进行物资储备、调运和日常管理。

三 物资储备基础设施建设

（一）国家储备仓库基础设施紧急改造项目

2018 年 9 月，经国家发展和改革委员会第 26 次主任办公会议批准，一是改造河北等地危

化品库安防系统。主要建设内容包括：更新改造现有安防系统、武警勤务监控及配套设施，新增库区巡检、出入口控制、智能钥匙管理和

转运站安防系统，建设智能化管理平台，维修和完善围墙、库外通风竖井防护等物防设施。二是改造陕西等地成品油库的安防自控和环保设施设备。主要建设内容包括：更新改造现有安防系统、武警勤务监控及配套设施；升级改造油气浓度报警、消防远程控制等自控系统；新建密闭装车系统、油气回收装置、事故池等环保设施。

（二）国家储备仓库安全综合整治项目

为切实提高国家储备仓库安全保障能力，加快推进深化改革转型发展，牢牢守住安全底线，在2018年实施国家储备仓库紧急改造基础上，国家粮食和物资储备局组织制定了《关于国家储备仓库安全综合整治三年行动计划》，明确开展国家储备仓库安全综合整治，以及以

安全综合整治带动整体功能和管理水平提升的总体要求、主要任务和保障措施。安全综合整治主要任务包括安防系统升级改造、安全环保达标改造、生产设施安全更新改造、优化完善基础设施功能和全面提升国家储备仓库安全管理水平五个部分。实施计划主要内容为：一是2019年计划优先实施若干个危化品仓库安全防范工程改造项目和成品油库安全环保达标改造项目。按此计划，完成2018年紧急改造项目和2019年安全综合整治项目后，将实现危化品仓库和未纳入国家成品油储备能力建设的油库安全综合整治全覆盖。二是2020~2021年计划实施一些通用仓库丙类库房消防安全达标改造、通用仓库安防系统升级及安全配套设施改造和部分成品油库管网接入工程。

四　仓储安全管理及安改建设

（一）召开安全工作会议，部署安全生产工作

深入贯彻落实习近平新时代中国特色社会主义思想和党的十九大精神，1月召开物资储备系统安全生产工作电视电话会议，总结安全生产工作情况，分析物资储备系统安全生产形势，从9个方面部署了2018年安全生产工作。2018年4月23日，召开全国粮食和物资储备系统安全稳定廉政工作视频会议，研究部署做好粮食和物资储备机构改革期间安全稳定廉政工作。

（二）以制度建设为抓手，提高依法治安能力

组织有关专家、储备物资管理局分管安全工作负责同志等，梳理以往日报告制度实践，借鉴地方政府、有关单位先进经验和做法，运用互联网思维和大数据工具，设计具体报表格式和工作流程，印发《国家粮食和物资储备系统重大情况及突发事件日报告制度》。机构改革期间继续按照原国家物资储备局印发的安全管理制度，进一步落实储备仓库安全生产主体责任，严格制度执行力，强化依法依规监管，

确保储备仓库安全运行。

（三）落实安全责任制，强化安全目标管理

针对安全监管工作呈现的新形势、新任务，全面修订、细化物资储备系统安全管理责任书，量化 21 条可考核的责任目标，年初与各储备物资管理局（办事处）签订《安全管理责任书》。2018 年 7 月，结合机构改革实际，进一步修订了安全责任书，与各单位重新签订。指导各单位落实《地方党政领导干部安全生产责任制规定》，认真抓好安全管理责任目标的细化、分解和延伸，明确各级、各岗位安全工作职责，进一步完善安全生产属地监管工作机制，切实构建"横向到边，纵向到底"的安全管理立体网络。

（四）做好储备仓库安全隐患治理工作

逐条梳理物资储备系统存在的安全隐患，实行安全隐患清单管理，特别是针对危化品仓库存在的安防、物防设施设备老化等问题，研究制定整改措施，提出安全隐患治理意见，为储备仓库安改建设提供依据。积极与国家发展和改革委员会国防司对接，研究"116 专项"工作安全生产和保卫工作具体事项；聘请兵器工业安全技术研究所对 39 个危化品仓库存在的安全距离不足和安全防范措施不到位的重大安全隐患及整改问题进行咨询，形成专业咨询意见，全面推动安全隐患治理；督促各物资储备管理局（办事处）制订接收工作方案、运输保障方案、出入库日常管理操作规程、应急处置预案及运输沿途安保方案等，确保物资出入库安全。

（五）开展安全检查，加强风险隐患防控

认真组织春节安全检查。2018 年 2 月上旬组织 6 个督查组，采取"四不两直"、随机检查、重点抽查等方式，对 8 个管理局的 20 座储备仓库进行了重点检查，持续跟踪问效，确保春节期间安全稳定。全国"两会"期间，组织 3 个督查组，对北京周边的河北省粮食局、山西省粮食局、山东省粮食局和天津办的 11 座储备仓库开展了督查。机构改革期间开展安全稳定廉政督查。认真贯彻 2018 年 4 月 23 日全国粮食和物资储备系统安全稳定廉政工作视频会议部署和张务锋局长讲话精神，切实做好粮食和物资储备机构改革期间安全稳定廉政工作，组织 10 个督查组，对 10 个管理局的 26 座储备仓库和 41 家国家、地方各级粮食储备库进行督导检查，并下发督查情况通报。确保机构改革期间守住系统安全、稳定、廉政的良好局面，各项工作稳中向好。

（六）扎实开展安全活动，营造安全文化氛围

2018 年 6 月，印发《关于认真开展"安全生产月"活动切实做好汛期安全生产工作的通知》，在物资储备系统组织开展了以"生命至上、安全发展"为主题的"安全生产月"活动，重点就开展好专题讲座、警示教育活动、应急处置警示教育等进行了部署。通过开展安全讲座、事故案例警示教育、安全知识竞赛、岗位练兵、演讲征文、应急演练、隐患治理等丰富多彩的安全生产月活动，营造良好的安全氛围，进一步夯实安全管理基础。

第十部分

能源储备

一 石油储备建立的背景和我国的能源形势

石油是关系国计民生的重要能源，也是现代工业不可缺少的原材料，建立石油储备、稳定石油供应对保障国民经济持续健康发展和国家安全具有重要意义。

（一）石油储备建立的背景

20 世纪 70 年代初发生的石油危机，对国际市场和石油价格造成了很大冲击，对世界经济产生了重要的影响。1974 年，由美国主导的经济合作发展组织（OECD）成立了国际能源署（IEA），要求其成员国承担相当于本国 90 天石油净进口量的石油储备义务。历经四十多年的发展，美国、日本、德国等先后建立了大规模的石油储备体系，为应对石油危机发挥了不可替代的作用。

改革开放以来，随着国民经济持续发展，我国石油消费不断增长，特别是进入 20 世纪 90 年代之后，石油消费增长超过生产增长，供需缺口逐年扩大。1993 年我国从石油净出口国转为净进口国。由于石油进口数量不断增加，对外依存度逐年提高，石油进口高度依赖中东、西非、中亚等政治经济复杂多变的地区和国家，加上海上运输通道又严重受制于霍尔木兹海峡和马六甲海峡，国内市场易受供应中断和价格波动的冲击。因此，参照国外的经验和做法，建立国家石油战略储备非常必要。

（二）我国面临的能源形势

我国既是能源生产大国，也是能源消费大国。受限于"富煤、贫油、少气"的资源禀赋，在国内生产能力有限的情况下，必须通过不断扩大进口来满足经济发展的需要，近年来石油、天然气对外依存度逐年提高，能源安全问题十分突出。

1. 石油储备实力不足

2018 年我国原油产量小幅回落，产量为 18911 万吨，比上年下降 1.3%；原油消费量持续增加，表观消费量为 64838 万吨，同比增长 7%；原油进口量为 46190 万吨，增长 10.1%，对外依存度达到 71%，创历史新高。经过多年的建设，我国石油战略储备不断增加，但与国内需求和应对复杂多变的国际形势需要相比，规模依然偏低，与国际能源署规定的目标及发达国家的实际石油储备水平相比，仍有差距。

2. 天然气储备能力脆弱

2018 年我国天然气生产继续平稳增长，产量为 1610 亿立方米，增长 9.2%；同期，由于消费结构转型升级和环境治理的需要，天然气消费迅猛增长，达到 2803 亿立方米，增长 18.1%；天然气进口量为 9039 万吨（约合 1260 亿立方米），增长 31.8%，成为全球天然气第一大进口国，对外依存度达 43%。目前，我国天然气储备主要是企业调峰储备，尚未建立天然气战略储备，现有规模远低于美国、俄罗斯和欧盟的水平，应急能力薄弱。

3. 能源安全形势严峻

近年来，世界大变局加速深刻演变，全球动荡源和风险点增多，我国外部环境复杂严峻。2018年美国政府宣布退出伊核协议并恢复对伊朗制裁，随着制裁力度的加大和矛盾激化，存在伊朗封锁霍尔木兹海峡的可能性，届时将影响包括伊朗原油在内的所有中东原油出口，或将导致我国原油进口供应中断。此外，我国天然气进口来源高度集中，液化天然气和管道天然气一旦供应出现中断，都将对国内天然气供应安全和社会稳定产生重大影响。

二　我国石油储备体系建设与发展

自20世纪50年代起，为适应国防建设和备战备荒的需要，我国开始建立成品油储备，作为国家石油储备的组成部分。2002年，按照党中央、国务院的部署，我国开始建设原油储备。按照科学的指导方针和建设原则，建立了较为完善的石油储备管理体系，为防范供给风险和维护国家能源安全发挥了重要作用。

（一）指导方针

从国情出发，借鉴国际经验，统筹规划，分步实施，逐步形成政府储备与企业储备相结合，储备形式、品种适应市场需要，石油生产、加工、销售、进口和储备密切衔接的运行机制，石油储备法律法规健全、应急措施完备有效、储备资金来源稳定的保障机制。

（二）石油储备建设原则

1. 统筹规划，分步实施

按照国家能源发展规划，结合国内石油生产、流通、消费情况，统筹规划、合理布局、循序推进，逐步扩大规模。

2. 政企分开，共同发展

根据国情，借鉴国外经验，采取战略储备与企业储备相结合的方式建立国家石油储备体系。战略储备以原油为主，兼顾成品油、天然气。依法建立企业储备，通过制定有关法律法规，要求原油加工企业和成品油批发等企业承担企业储备义务，并逐步扩大储备规模。

3. 因地制宜，方式多样

国家石油储备基地一期项目建设主要采用地上储罐方式。鉴于地下储备库安全、可靠、环保等特点，二期、三期储备基地优先考虑建设地下储备库。

4. 统一管理，各负其责

国家石油储备实行统一管理、各负其责，明确政府、企业各自的职责，确保在出现紧急情况时，能够迅速反应，按国家指令，有序调控和调度石油资源。

（三）原油储备管理体系的建立与发展

2003年新组建的国家发展和改革委员会，在能源局设立了国家石油储备办公室，负责管理原油储备业务，研究制定国家石油储备中长期规划，编制年度石油储备基本建设计划和储备石油收储及轮换计划，提出动用国家石油储备建议，制定国家石油储备政策法规和应急预案，开展国际石油储备合作。

2004 年 6 月，国家石油储备基地一期项目开始建设，采取国家出资、委托企业建设的模式，由中石油、中石化等集团承担建设任务。项目建成后，国家石油储备基地公司负责储备石油的出入库管理，承担储备石油及设施的保管、维护、检修和安全任务。

2007 年 12 月 18 日，国家石油储备中心正式成立，作为国家发展和改革委员会的事业单位，行使出资人权利，负责国家石油储备基地的建设和管理，承担战略石油储备收储、轮换、动用任务，同时监测国内外石油市场的供求变化。2008 年国家石油储备中心划入新成立的国家能源局。至此，我国建成了较为完备的原油储备管理体系。

（四）成品油储备体系的建立与发展

自 20 世纪 50 年代建立起，成品油储备一直由原国家物资储备局管理，经过从无到有、从小到大，不断发展的历程，形成了国家局、地方管理局和基层成品油储备库三级垂直管理体制，建立了完善的储备体系。

进入 21 世纪，国家成品油储备方式不断创新，积极探索利用社会仓储资源，与有关企业进行战略合作，通过总量管理、周转轮换的方式开展企业代储。国家成品油储备已形成了以国家储备油库为主，企业代储等互为补充的多元格局。

（五）建立统一的国家石油储备体系

2018 年，按照党的十九届三中全会审议通过的《中共中央关于深化党和国家机构改革的决定》《深化党和国家机构改革方案》，党中央决定组建国家粮食和物资储备局。根据方案，国家原油、天然气和成品油储备相关职能调整至国家粮食和物资储备局，即将国家能源局原油、天然气储备和原国家物资储备局成品油储备职责划入国家粮食和物资储备局，国家石油储备中心作为事业单位一并划归管理，国家粮食和物资储备局内设能源储备司，主管石油、天然气储备业务。这为构建统一规范、协同高效、保障有力的国家石油储备体系提供了组织保证。

三　石油储备能力建设与发展

多年来，随着国家石油储备基地和国家成品油库建设的不断推进，我国石油储备能力建设取得重要进展，依托国家石油储备基地、国家成品油储备库、代储油库等，国家石油储备已经达到了相当规模，在服务国家能源战略、支援国防建设、应对突发事件、稳定市场供应等方面发挥了积极作用。

（一）国家石油储备基地建设与原油储备

稳定的石油供给是经济与社会可持续发展的重要保障。国家于 2004 年启动国家石油储备基地建设，在有关部门、地方政府、石油石化企业的共同努力下，历经十余年的努力，国家石油储备基地建设取得重要进展，基地布局基本确定，储备库容不断增加，建设技术全面进步，管理能力持续提高，为国家石油储备事业奠定了坚实的基础。

石油储备能力不断增强。据国家能源局 2017 年 12 月公布信息，到 2017 年年中，我国共建成舟山、舟山扩建、镇海、大连、黄岛、独山子、兰州、天津等共 9 个国家石油储备基地，利用上述储备基地及部分社会企业库容，共储备原油 3773 万吨。

石油储备基地布局趋于合理。科学统筹国家石油储备基地布局，基地选址靠近深水港口，或石油输送管线，同时与大型炼厂布局相协调，石油进出快速方便、应急辐射面广，能充分满足石油储备功能的要求。从区域分布看，已建成基地分布于 7 个省份，其中，东北 2 个，华北 1 个，华东 5 个，华南 1 个，西北 2 个。随着在建和规划建设基地陆续投入使用，储备基地布局将会更加合理。

石油储备基地建设水平持续提高。基地建设注重贯彻新发展理念。通过多方案比较，科学选择建设库址，力求做到基地与自然的协调，减少对环境的影响；通过优化总图设计，力求节约建设用地，节约建设资金；创新应用新技术新工艺新设备，着力降低基地全寿命运行成本，增强基地可持续发展能力。

（二）成品油设施建设与收储轮换

2014 年 10 月，国家发展和改革委员会批准《国家成品油储备能力建设规划》后，各项目陆续开工建设。批复建设 32 个国家成品油储备能力建设工程项目。

2016 年规划项目陆续动工建设，成品油储备设施建设进一步加快。国家成品油储备库已在全国多个省、自治区、直辖市布局，形成了与石油生产、加工、销售、进口密切衔接的网络。

2018 年国家粮食和物资储备局组建后，强化监督检查，全力推进工程实施。在全面总结实施情况和梳理分析存在问题的基础上，采取自查整改、安全检查、专家会诊、约谈督导、重立标尺"五个一"措施，加快推进项目建设，取得了积极进展，已有部分项目完工、完成带油试运行和初步验收工作。国家粮食和物资储备局按照上级批准的计划，会同有关部门和企业开展了成品油储备收储轮换工作，按期圆满完成了质量升级任务。

第十一部分
科研与人才发展

一 科研发展

（一）粮食科技发展与创新

2018 年粮食和物资储备科技工作全面贯彻党的十九大精神，落实创新驱动发展战略，深入实施"科技兴粮工程"，按照中央科技计划管理体制改革要求，不断推进科技成果转化创新机制，努力提高科技自主创新能力，取得良好成效。

1. 印发《关于"科技兴粮"的实施意见》，以改革激发创新活力

为认真落实党中央、国务院出台的一系列推进科技体制改革、促进科技创新和成果转化、激发创新活力的政策措施，印发了《关于"科技兴粮"的实施意见》。该意见突出解决实际问题，通过做强做优科研院所、推动产学研相结合等方式完善粮食科技创新体系，以科技成果"三对接"活动等推动粮食科技成果产业化行动，围绕激发创新活力，深化科技体制改革，营造良好的科技创新环境。

2. 召开"科技兴粮、人才兴粮"工作座谈会

国家粮食和物资储备局会同科技部、人力资源社会保障部组织召开了"科技兴粮、人才兴粮工作座谈会"，进一步深入贯彻习近平总书记关于"发展是第一要务，人才是第一资源，创新是第一动力"的重要指示精神，认真落实新时代国家粮食安全战略、创新驱动发展战略和乡村振兴战略，对加快推进科技兴粮和人才兴粮工作进行全面部署。

3. 以科技活动周为平台，推动产学研高效融合

举办了"科技创新，强业兴粮"为主题的2018 年全国粮食科技活动周，并分别在杂粮主产区山西、粮食主产区湖北两地举办。其中，太原会场举办了 2018 年全国粮食科技活动周启动仪式，现场展示了科技创新成果、山西好粮油产品、山西小米，举办了小米品鉴等活动，并向山西农业大学"国家功能杂粮技术创新中心"授牌。在湖北武汉会场，举办了"科技成果""科研机构""科研人才"与企业"三对接"活动，展示了最新粮食科技成果，23 项粮食科技创新合作项目达成合作意向并正式签约，向武汉轻工大学"国家粮食技术转移（武汉）中心"授牌，现场发布了 11 项粮食行业公益性科研专项成果，还邀请专家作了粮油科普讲座等。

4. 推进国家粮食技术创新中心等平台建设，促进产学研融合发展

一是印发《关于粮食产业科技创新联盟建设的指导意见》，规范粮食产业科技创新联盟建设，充分发挥粮食产业科技创新联盟的技术"孵化器"和产业发展"助推器"的作用。二是启动国家粮食技术转移中心建设，研究制定了《国家粮食技术转移中心管理办法（试行）》，加快粮食技术在行业的扩散，促进粮食技术转移和科技成果转化。三是启动国家粮食技术创新中心建设，修订印发了《国家粮食技术创新中心管理办法（试行）》，并向审核通过

的创新中心进行了授牌，进一步推动科技创新与产业紧密结合。

5. 争取国家支持，做好粮食科技项目管理和人才工作

一是推荐了国家重点研发计划政府间国际科技创新合作/港澳台科技创新合作重点专项候选项目等。二是强化了科技项目管理，推动了"国家粮食储运监管物联网应用示范工程"项目验收工作，完成"十二五"国家科技支撑计划项目的3个课题的验收工作等。三是推荐了中青年创新领军人才、重点领域创新团队、青年拔尖人才。

6. 提名 2018 年国家科技奖候选项目，推荐中国专利奖候选项目

一是经公开征集、专家遴选、网上公示等环节，提名了河南工业大学牵头完成的"高效节能稻谷加工装备的研发及产业化"以及成都粮食储藏科学研究所牵头完成的"农村储粮先进技术及适用装备"等2个项目为2018年度国家科学技术进步奖二等奖候选项目。二是推荐了4项专利为第二十届中国专利奖的参评专利。

（二）重点课题调研

认真贯彻落实习近平总书记关于大兴调查研究之风的重要指示精神，健全科学化、制度化、常态化的调研长效机制，印发《关于大兴调研之风加快推动粮食流通改革发展的意见》（国粮政〔2018〕30号），明确调研重点、方式方法、成果转化、推进机制等要求。印发《国家粮食局2018年重点调研课题》（国粮办政〔2018〕64号），紧紧围绕落实习近平总书记在

各地视察时就国家粮食安全作出的重要指示精神和党中央、国务院决策部署，聚焦机构改革后新形势新职能，先后组织开展一大批重点调研和专题调研，为加快推动粮食和物资储备重点工作、破解难点问题提供有力支撑。全系统各级干部深入基层、密切配合、协同联动、集思广益，在粮食宏观调控、物资储备管理、监管执法、立法修规、粮食产业经济发展、"优质粮食工程"建设等方面，形成了一批有价值、有分量、可借鉴的研究成果，许多已经转化为政策建议、工作举措和重大项目，有力推动了全系统改革发展。

（三）专家咨询课题研究

2018年，国家粮食安全政策专家咨询委员会紧密结合粮食流通改革发展新形势和重点工作任务，围绕提升粮食安全保障能力，建设产业强国，组织开展了"粮食安全保障法律体系""粮食流通监管体系建设""现代粮食物流体系建设""构建现代化粮食流通体系""'一带一路'建设与粮食企业'走出去'""加快推进优质大豆产业发展"6项课题研究，根据实际工作需要，还增加了"《中国的粮食安全》白皮书重大问题研究""我国粮食产业高质量发展指标体系及政策体系研究""政策调整后我国玉米供求平衡战略研究""我国稻谷供求平衡战略研究""我国小麦供求平衡战略研究""中美贸易摩擦下保障我国大豆供求平衡战略研究"6项课题研究。通过专家委员认真调查研究，深入分析，课题研究成果为推动实际工作，服务国家粮食安全战略决策发挥了积极作用。

（四）战略性课题研究

2018 年 3 月，根据党中央、国务院关于粮食工作的决策部署和全国粮食流通工作会议精神，国家粮食和物资储备局确定把"粮食产业强国建设研究""新形势下创新完善粮食宏观调控机制研究"和"粮食产村融合发展战略研究"作为 2018 年粮食战略性课题研究题目，中国粮食研究培训中心组织开展课题研究工作。

"粮食产业强国建设研究"立足当前粮食产业现状，从调整优化粮食供给结构、培育骨干粮食企业、推进粮食产业转型升级、创新完善粮食宏观调控等方面进行重点研究。通过分析我国粮食产业发展现状和存在的主要问题，提出加快建设粮食产业强国的相关政策措施，一是培育现代粮食企业；二是促进粮食"三链"融合；三是建设现代粮食市场；四是强化粮食产业要素支撑；五是优化粮食产业发展政策。

"新形势下创新完善粮食宏观调控机制研究"立足贯彻落实党的十九大关于"着力构建市场机制有效、微观主体有活力、宏观调控有度的经济体制"的总体要求，在回顾改革开放 40 年来我国粮食宏观调控变化的历程并进行成本和效率分析的基础上，围绕目前我国粮食宏观调控面临的新形势和存在的主要问题进行了深入研究，提出了创新完善粮食宏观调控的总体目标，实现更高层次的粮食发展动态平衡和构建科学的国家粮食安全新机制。提出在新形势下创新完善粮食宏观调控机制的具体措施，一是协调好粮食宏观调控中各经济主体之间可能存在的"四大利益冲突"；二是进一步推进粮食供给侧结构性改革；三是加强宏观调控的

决策主体、中央政府、地方政府、执行主体、生产主体"五个主体"建设。创新完善粮食宏观调控机制，要着力加强"五大体系"建设，即完善粮食生产能力体系、建设粮食产业发展体系、调优政府粮食储备体系、打造现代粮食物流体系、完善粮食安全预警体系。

"粮食产村融合发展战略研究"立足贯彻落实国家粮食安全战略和习近平总书记关于粮食安全的重要指示，在吉林省吉林市、湖北省荆州市、贵州省黔西南州，以及四川省的成都市、自贡市、广汉市、绵阳市等地开展"蹲点调研"，着重围绕当地粮食产销、粮食产业发展、乡村建设、农民收入、居民生活等重点问题进行了深入研究，分析总结了我国粮食产村融合发展的模式、取得的成效和存在的主要问题，提出要壮大新型粮食经营主体、发展粮食全产业链、推动绿色特色粮食产业发展、培育粮食产业新的经济增长点、加强粮食品牌建设、密切经营主体间的利益关系、推进乡村建设、在全国开展试点等促进粮食产村融合发展的重点任务，以及在贯彻实施乡村振兴战略中要注重粮食安全、积极整合土地、资本、技术和人才资源支持产村融合发展、强化政府扶持等建议。

完成初步研究成果后，中国粮食研究培训中心即组织了专家研讨评审。专家一致认为，所提政策建议针对性、指导性、可操作性较强，对于推进粮食流通事业健康发展具有较高的参考价值。

（五）软科学课题研究

2018 年，为认真贯彻落实习近平总书记

关于大兴调查研究之风的重要指示精神，充分调动全系统重视研究、加强研究的积极性，促进实际工作，国家粮食和物资储备局软科学评审专家委员会根据国家粮食和物资储备局党组关于持续推进大调研大讨论大落实的决策部署，以及国家粮食和物资储备局领导关于统筹开展课题研究工作的指示要求，组织各省级粮食和物资储备管理部门、中央粮食企业、涉粮高校和局内各司局单位等研究力量，按照张务锋局长提出的"加快构建粮食流通改革发展的'四梁八柱'"的要求，以"把握新时代、研究新形势、聚焦新任务、提出新对策"为目标方向，紧紧围绕行业深化改革、转型发展的关键环节和重点任务，结合全国及各地工作实际，精准选题，全面深入开展调查研究，形成了一批总结情况实事求是、分析问题准确到位、思路建议具体可行的优秀研究成果。经评审，共有36项课题成果荣获2018年度国家粮食和物资储备局软科学课题研究一、二、三等奖和优秀奖。

（六）自然科技成果评价、奖励及推广

一是为进一步加强科技奖励工作管理，规范开展科技奖励工作，在原有科学技术奖的基础上增设终身成就奖、青年科技奖，并完善了科技奖励工作规章制度，制修订《中国粮油学会科学技术奖管理办法》《中国粮油学会科学技术奖实施细则》《中国粮油学会青年科技奖实施细则》《中国粮油学会终身成就奖实施细则》，向国家科学技术奖励工作办公室提交了备案报告。二是组织开展了2018年度中国粮油学会科学技术奖项目评审工作。受理的57项申报项目中经专业评审、综合评审等，共评选出28个获奖项目，其中一等奖6项，二等奖10项，三等奖12项。三是为激发广大粮油青年科技工作者创新创造热情，促进粮油青年科技工作者健康发展，引导粮油青年科技工作者积极投身创新争先行动，学会评选出10名优秀青年科技工作者荣获中国粮油学会第一届青年科技奖。四是学会评选出4位资深专家荣获"中国粮油学会终身成就奖"。

专栏 11 "科技兴粮兴储"

大力推动"科技兴粮兴储"，围绕解决好"由谁来创新""动力哪里来""成果如何用"的基本问题，加快构建以企业为主体、市场为导向、产学研相结合的技术创新体系。

（一）在主体培育上实现新突破

一是更加突出企业主体地位，各级粮食部门要支持引导粮食企业加大研发投入，建立内设研发机构，加快向创新型企业转变。二是充分发挥好粮食行业科研院所骨干作用。国家级科研院所要密切关注全球粮食行业技术前沿，及时掌握国内粮食领域研发动态，认真梳理亟须攻关的重点技术课题，牵头争取和实施好国家重大科研项目。地方科研院所立足行业、面向市场，整合粮食科研、工程技术、设备研发力量，着力突破公益性、前瞻性和基础性粮食技术难题。三是加快完善行业科技创新平台。加强国家重点实验室和国家工程研究中心创新能力建设，在仓储、加工、物流和主食产业化等领域，新建一批粮食行业重点实验室和技术创新中心，加快科技创新资源集聚。

（二）在融通创新上实现新突破

鼓励各类创新主体协同发力，消除"孤岛"现象，促进科技和经济融通。为推动全行业创新联盟建设工作，国家粮食和物资储备局印发指导意见，明确了创新联盟设立条件、运行模式和服务措施。各地坚持市场和产业化导向，鼓励有条件的地方、企业与科研院所、高等院校共同建立一批粮食产业科技创新联盟，持续深入开展产学研合作。同时，鼓励科研院所、高等院校和企业探索多种形式的协同创新，让机构、人才、装置、资金、项目都充分活跃起来。

（三）在关键技术上实现新突破

立足于新形势，围绕供给侧结构性改革这条主线，按照"科技兴粮"实施意见提出的粮食行业技术创新"五个重点"，促进关键技术突破：一是推进安全、绿色、智能、精细仓储科技创新，实施"现代粮仓"创新行动；二是推进粮油适度加工技术和深加工技术与产品创新，促进先进粮油加工技术产业化；三是推进先进装备原始创新和集成创新，实现粮食装备制造突破，促进粮食加工自动化、智能化；四是推进高效物流科技创新，应用物联网、北斗等信息技术，支撑智慧物流发展，促进粮食物流现代化；五是推进粮食质量和安全科技创新，服务优质粮食工程建设。

（四）在成果转化上实现新突破

完善粮食行业科技成果、人才、机构"三对接"机制，定期举办"全国粮食科技成果转化对接活动"；建立科技成果转移转化体系，鼓励科研院所、高等院校建立技术转移中心；探索建立粮食行业中试基地，着力解决成果转化"最后一公里"问题。同时，完善扶持引导措施，支持粮食企业紧密对接市场需求、先进技术、智能制造、绿色发展，大力推进高水平技术改造，加快设备更新和新技术应用。

二 人才发展

2018 年，随着各地机构改革的不断深化和粮食流通体制改革的稳步推进，全国粮食行业机构数量稳中略减，其中基层粮食行政机构继续深化，涉粮企业数量有所减少；粮油食品加工和粮食深加工从业人员比重继续提升，传统粮油收储和成品粮油加工从业人员减少；行业长期职工队伍保持稳定，人员学历结构进一步优化，但老龄化趋势明显；开展教育培训力度持续加大，技术技能人才队伍进一步充实。

（一）粮食行业机构改革继续深化，数量稳中略减

2018 年末，全国各级粮食行政管理部门总数为 2940 个，其中，国家级 1 个、省级 31 个、市级 429 个、县级 2479 个。分单位性质看，行政机关 2278 个，占 77.5%，同比下降 0.3 个百分点；参公管理事业单位 505 个，占 17.2%，同比持平；非参公管理事业单位 157 个，占 5.3%，同比上升 0.3 个百分点。各级粮食和物资储备局（粮食局）所属事业单位 1476 个，主要是粮油质检机构、科研院所、粮食院校等。

从单位层级看，六成以上的市级和县级粮食行政管理部门被撤并。在 31 个省级粮食行政管理部门中，属于省级政府组成部门或直属机构的粮食局 5 个，同比减少 12 个；由其他部门代管的粮食局（二级局）25 个；合并到其他部门但保留粮食局牌子的 1 个。在 429 个

市级粮食行政管理部门中，属于政府组成部门或直属机构的粮食局 123 个，同比减少 23 个，占 28.7%；由其他部门代管的粮食局（二级局）28 个，同比减少 14 个，占 6.5%；合并到其他部门的 278 个，同比增加 39 个，占 64.8%。在 2479 个县级粮食行政管理部门中，属于政府组成部门或直属机构的粮食局 646 个，同比减少 43 个，占 26.1%；由其他部门代管的粮食局（二级局）302 个，同比减少 34 个，占 12.2%；并入其他部门的 1523 个，同比增加 116 个，占 61.4%；由企业代行行政管理职责的 8 个。

从所在地区看，主产区粮食行政管理部门被撤并较多。主产区省市县粮食行政管理部门中，属于政府组成部门或直属机构的数量占比为 34.9%，同比下降 5.6 个百分点；主销区和产销平衡区的占比分别为 18.3%、15.5%，同比基本持平。主产区合并到其他部门的粮食机构数量占比为 57.5%，同比提高 6.8 个百分点；主销区和产销平衡区的占比分别为 71.9%、63.3%，同比分别提高 0.8 个、3.9 个百分点。

从单位性质看，优势企业加快整合兼并重组，企业总数有所减少。随着粮食产业高质量发展加快推进，部分低端落后产能企业陆续退出。2018 年末，纳入统计范围的各类涉粮企业 48127 个，同比减少 2153 个。其中，国有及国有控股企业 13530 个，占 28.1%，同比上升 0.5 个百分点；非国有企业 34597 个（其中港澳台

商及外商企业 753 个），占 71.9%。

（二）行业从业人员队伍精减，人才结构进一步优化

2018 年末，全国粮食行业从业人员总数 192.77 万人，同比减少 1.33 万人。从单位性质看，行政机关 3.12 万人，同比减少 333 人；事业单位 3.33 万人（其中参公管理事业单位 1.2 万人），同比增加 1245 人；各类涉粮企业 186.33 万人（其中国有及国有控股企业 49.58 万人，非国有企业 136.74 万人），同比减少 1.42 万人。总体看，粮食行政管理部门从业人员逐年减少，事业单位从业人员相对稳定，涉粮企业从业人员呈现减少趋势。

省级粮食行政管理部门人员队伍有所加强，市县级继续削弱。2018 年末，省级粮食行政管理部门从业人员 1690 人，同比增加 30 人；市级、县级分别为 7381 人、32995 人，同比分别减少 59 人、951 人。在县级粮食行政管理部门中，从业人员在 10 人及以下的有 1334 个，占 53.8%，同比增加 67 个；其中人员在 5 人以下的 744 个，占 30%，同比增加 59 个；有 144 个县级粮食行政管理部门专门从事粮食管理的人员为 1 人，占 5.8%。

长期职工队伍保持稳定，老龄化趋势明显。从业人员中，在岗职工 189.94 万人，其中长期职工 170.8 万人，占 89.9%；临时职工 19.14 万人，占 10.1%。长期职工占在岗职工的比重与 2017 年基本持平，从业人员队伍保持稳定。在长期职工中，35 岁及以下人员 58.24 万人，占长期职工总数的 34.1%，同比下降 0.4 个百分点；46 岁以上人员占 31.3%，同比上升

0.8 个百分点，行业从业人员整体年龄结构老龄化趋势明显。

行业从业人员学历结构进一步优化。从长期职工学历结构看，大学专科及以上人员占 32.6%，同比上升 1.2 个百分点；高中及以下人员占 51.1%，同比下降 0.6 个百分点。从单位性质看，行政机关和事业单位学历结构明显好于涉粮企业。行政机关和事业单位大学本科及以上人员占 49%，同比提高 3.4 个百分点；涉粮企业高中及以下的低学历人员占 52.6%，同比下降 0.6 个百分点。

技术技能人才队伍进一步充实。在行业长期职工中，国家公务员 2.27 万人，事业单位管理人员 1.63 万人，企业经营管理人员 27.1 万人，专业技术人员 22.63 万人，工人 117.17 万人。与 2017 年相比，各类别人员所占比例均变化不大。高级职称 1.37 万人，占 6.1%（其中正高级职称 4147 人，占 1.8%），同比增加 828 人；中级职称 5.94 万人，占 26.3%，同比持平。技术工人 40.05 万人，占 34.2%，同比下降 0.6 个百分点，其中高级技师 7984 人，同比增加 187 人。

（三）行业教育培训工作有序推进，力度持续加大

2018 年，全国各级各类单位高度重视培训工作，加强职工理论学习和专业培训，提升职业素养和技能水平。全国粮食行业共举办各类培训班 10.39 万期，同比增加 0.42 万期；累计培训 194.9 万人次，同比增加 14.49 万人次；参训率达 42%，同比上升 2.4 个百分点。从单位性质看，2018 年行政机关和事业单位平均培

训 41 人次，同比持平；国有及国有控股企业平均培训 50 人次，同比增长 8.7%；非国有企业平均培训 32 人次，同比增长 18.5%。

（四）培育举荐优秀科技工作者，助力行业人才兴粮

国家发展和改革委员会、国家粮食和物资储备局等 4 部委下发的《关于"人才兴粮"实施意见》中明确提出对入选"青年人才托举工程"的优先列入青年拔尖人才培养，中国粮油学会积极做好人才塔基工程，持续开展"青年人才托举工程"，2018 年在中国科协第四届项目申报中获批 5 个名额。为更好地服务行业青年科技人才，设立了中国粮油学会青年人才储备库，402 人入库。经学会推荐，王兴国教授荣获"第十二届光华工程科技奖"，该奖项是由中国工程院组织评审，旨在对工程科技及管理领域取得突出成绩和重要贡献的华人工程师、科学家给予奖励，本届共有 29 位工程科技领域科学家获此殊荣。

三 粮食行业技能鉴定与职业教育

（一）扎实推进粮食行业技能培训鉴定工作

扎实推进人才兴粮，持续、高质量培养粮食行业专业技能人才，助力粮食和物资储备系统深化改革、转型发展。2018 年（粮油）仓储管理员、农产品食品检验员、制米工、制粉工、制油工 5 个职业累计培训鉴定 14386 人次，同比保持稳定；核准获证人数 7916 人次，同比增长 13.1%。组织开展粮食行业首次鉴定质量全面督导，行业技能鉴定管理制度化、规范化再上新台阶，全面提升职业技能鉴定工作质量。举办全国粮食行业职业技能鉴定考评员培训班，各省（区、市）189 名鉴定质量督导员通过培训、考核，取得人力资源和社会保障部统一核发的督导员证，提升了督导队伍建设质量，进一步保障了鉴定质量监督工作的合法合规性。组织修订《（粮油）仓储管理员》《制米工》《制粉工》和《制油工》培训教程，并修订相应职业国家题库粮食分库，有力地提升粮食行业职业技能鉴定考试的科学性和实效性。举办农产品食品检验员、（粮油）仓储管理员高级技师研修班，各省（区、市）和涉粮央企的 72 名技师通过理论、实操考核和综合评审，获得高级技师职业资格，壮大了行业顶尖技能人才队伍规模，对提升行业技能整体水平发挥了引领示范作用。完成了粮食行业考务系统在线升级，规范、精简"考生报名、资格审查、培训、考试鉴定、成绩查询、证书印发"流程，提升信息化监管水平，有力地保障获证学员申领人社补贴的权益。此外，积极谋划第五届全国粮食行业职业技能竞赛，做好前期申报等准备工作。

（二）加快推动粮食职业教育教学工作

1. 加强粮食专业建设，促进产教深度融合

全国粮食职业教育教学指导委员会全面

贯彻全国教育大会对新时代职业教育做出的战略部署，认真落实"科技兴粮""人才兴粮"座谈会精神，聚焦深化产教融合、校企合作，全面推进职业教育改革步伐。组织粮食职业院校开展《高等职业教育创新发展行动计划（2015~2018 年）》工作，圆满完成 12 项任务和 5 个项目，工作成效显著。开展《高等职业学校专业教学标准》粮食质检和加工专业的修（制）订工作，指导粮食院校开展职业教育教学。

成立粮食行业职业教育集团联盟，促进东西部间、产销区间、不同粮食品种产区间的教育资源共享，协同发展粮食职业教育。积极推进校企合作，开展职业教育校企深度合作项目建设工作。组织 9 所粮食职业院校的 17 名专业骨干教师开展暑期实践锻炼活动，提升了粮食行业专业师资教学水平，加强了粮食职业院校师资队伍建设，强化了粮食部门、企业、院校相互之间的联系交流。

2. 加强粮食职业教育理论储备，开展课题研究

一是根据行业人才需求组织开展课题研究工作。结合全国粮食行业"科技兴粮""人才兴粮"要求，对粮食科技创新人才、粮食高技能人才和粮食后备人才的现状和需求进行了深入分析和研究，提出了相应对策和建议，形成了《适应"人才兴粮"需要的粮工巧匠培养研究》，荣获"国家粮食和物资储备局软科学课题研究三等奖"。

二是组织开展了全国粮食职教集团区域布局专题调研。先后赴黑龙江、江苏、浙江、山东、甘肃、新疆等地开展调研，形成了《全国粮食行业职业教育集团发展情况的调研报告》，分析了粮食行业职教集团发展面临的问题，提出了切实可行的建议，并积极推动有关措施建议落地。

专栏 12 "人才兴粮兴储"

（一）着力提升党政人才专业素质

紧扣机构改革发展实际，着眼助力现代粮食产业发展、提升物资储备管理水平，面向省级粮食和物资储备行政管理部门举办了 13 期培训班，组织 2546 人次参加行业重点项目、财会、统计、安全生产、监督检查等业务培训。各级粮食和物资储备行政管理部门和有关中央企业也结合自身工作需要，积极组织开展相应的业务培训，提高干部职工素质能力。

（二）着力选拔培养高层次专业技术人才

制定出台《全国粮食行业领军人才选拔培养管理办法》，组织选拔首批 3 名全国粮食行业领军人才和第二批 20 名全国粮食行业青年拔尖人才，资助入选人员自主选题开展研究。推荐 1 人获批国务院享受政府特殊津贴专家。有序推进高层次专业技术人才知识更新工作，围绕"粮食产业经济发展"和"现代粮食物流发展"主题，成功举办 2 期专业技术人员高级研修班，组织 140 名具有高级职称的专业技术人才参加研修。

（三）着力扩大高技能人才队伍规模

积极参与第十四届全国高技能人才评选表彰活动，推荐 1 名基层职工荣获全国技术能手、1 所院校荣获国家高技能人才培养突出贡献单位、1 名教师荣获国家高技能人才培养突出贡献个人。全年组织开展高级工、技师和高级技师培训 54 期，1349 余名高技能人才参加相应的培训研修。

（四）着力建设粮食和物资储备系统人才培训基地

推动落实"人才兴粮"工作要求，积极向人力资源和社会保障部申报推荐，河南工业大学获批第八批国家级专业技术人员继续教育基地，进一步提升行业教育培训基地层次。

第十二部分
粮食节约

一 节粮减损行动

（一）粮食产后服务体系建设支撑粮食减损增效

2017年"优质粮食工程"启动实施以来，粮食产后服务体系建设紧紧围绕为种粮农户提供"清理、干燥、储存、加工、销售"等服务，帮助农民、合作社、粮食经纪人等解决市场化收购条件下收粮、储粮、卖粮、清理、降水干燥等一系列问题。随着粮食产后服务中心的建成使用，在减少粮食产后损失、促进粮食提质进档、增加种粮农民收入等方面的成效不断显现，受到了地方各级粮食部门和种粮农民的普遍欢迎。

（二）节粮减损系列科普活动增强公众爱粮节粮意识

自2006年开始，每年全国粮食科技活动期间，联合多部门集中组织开展节粮减损、科学消费等科普知识进学校、进家庭、进社区活动，通过参观稻米科普文化长廊，体验插秧耕作，观摩稻米加工工厂，重温节粮爱粮古训等宣传方式，弘扬中华民族传统文化，宣传爱粮节粮、营养健康、保障粮食安全的理念和科普知识。部分省份在粮食科技活动周专栏展播优秀科普视频、宣传画、电影等作品。有的单位还邀请院士等高层专家做专题科普讲座等。科技活动周期间，国家粮食和物资储备局会同科技部、中宣部、卫生健康委员会等11个部门派遣专家参加"科技列车行"活动，并向当地

农户捐赠农户科学储粮装具；组织粮食科普小分队，深入乡村、港口、企业，开展节粮减损科普知识宣传。已面向基层农户捐赠2000余套科学储粮装具。同时，积极开展世界粮食日和"爱粮节粮宣传周"等活动。

全国粮食科技活动周等系列宣传活动取得了明显的成效，产生了较深远的影响。宣传受众每年约200万人，不仅有社区的居民，还有小学生、高校的大学生、企业的职工等，扩大了爱粮节粮的宣传力度，促进了节粮减损、安全储粮、科学保粮技术的普及，为保障国家粮食安全做出了积极的贡献。

（三）国家科技计划项目聚焦节粮减损成果有效降低粮食损耗

粮食公益性行业科研专项项目"规模化农户储粮技术及装备研究""粮油储藏品质保持减损新技术研究""粮食产后损失浪费调查及评估技术研究"等项目，取得阶段性成果并已发挥减少粮食损失、提升粮食品质的重要作用。其中"规模化农户储粮技术及装备研究"重点研究了大农户农村粮食物流及综合技术，农村粮食物流和节点关键设备，物流信息平台及技术模式和技术标准，研发出区域性种粮大农户使用的农户储粮粮仓以及配套的设备和技术工艺，为我国农户安全储粮提供了有效的技术支撑。"粮油储藏品质保持减损新技术研究"完成了生态储粮仓的结构分析、设计及施工技

术研究，开发了糯稻、糯米、糯米粉在不同温度条件下气调储藏及常规储藏品质变化检测技术，摸清大豆油、菜籽油等食用植物油在储藏期过程中品质的变化规律及不同品质指标之间的影响，确保了粮油食品在储藏过程中的质量安全。

今后，一要着力推进产后服务体系建设，强化运营管理，完善粮食产后服务中心运营长效机制，更好地发挥粮食产后服务体系减损增收和保障国家粮食安全的重要作用。二要在2015年粮食公益性行业科研专项"粮食产后损失浪费调查及评估技术研究"的基础上，进一步了解我国粮食产后损失情况和发展趋势，为科学制定节粮减损政策提供有力支撑。三要通过"国家爱粮节粮网""中国爱粮节粮科普知识库""手机APP""爱粮节粮微信平台"等科普宣传平台，开展多种形式的科普宣传，进一步拓展节粮减损宣传范围。四要通过促进科技成果转化、成果对接服务等方式，推广包括适度加工等方面的新技术、新成果，鼓励科研机构、企业开发节粮减损新技术、新工艺。

二 粮食安全宣传教育

2018年，国家粮食和物资储备局认真贯彻习近平新时代中国特色社会主义思想和党的十九大精神，深入落实总体国家安全观，按照中共中央办公厅、国务院办公厅有关文件要求，创新形式，注重实效，发挥典型引领带动作用，进一步拓展爱粮节粮主题宣传教育活动形式。通过组织开展"粮安之星"评选发布活动、粮食安全大走访大调研系列活动，以及其他系列主题宣传教育活动，使粮食安全观念更加深入人心，粮食政策和爱粮节粮知识更加普及。

（一）组织开展全国"粮安之星"评选发布活动

会同农业农村部、教育部、科技部、全国妇联，以及联合国粮农组织驻华代表处，在全国范围内组织开展"粮安之星"评选发布活动。活动分为国家级和省级两级开展。省级由各省级粮食、农业、教育、科技、妇联等部门组织在本地区评选发布；国家级由国家粮食和物资储备局会同农业农村部、教育部、科技部、全国妇联从各地推荐的先进典型中择优评选。2018年10月16日，在杭州主会场活动现场发布了包括石元春、盖钧镒两位院士在内的10位"粮安之星"，交流宣讲了他们在各自领域默默奉献、辛勤耕耘、助力国家粮食安全的先进事迹，发出"人人重视粮食安全、人人保障粮食安全"的呼吁倡议，并通过媒体宣传报道、主题宣讲等方式扩大典型示范效应，营造学习典型、为粮食安全做贡献的浓厚氛围。2018年全国共评选发布10名国家级"粮安之星"及300余名省级"粮安之星"。

（二）组织开展粮食安全大走访大调研系列活动

会同农业农村部、教育部、科技部、全国妇联，以及联合国粮农组织驻华代表处，在全国范围内组织开展粮食安全大走访大调研系列活动。2018 年 10 月 16 日在世界粮食日主会场活动现场，举行了大走访大调研系列活动启动仪式。活动期间，组织机关干部、农业科技专家和涉农院校师生等，走进村庄、走进田野、走进农户，以专家宣讲、座谈交流、互动解答、现场指导等多种形式宣讲粮食政策、普及粮食知识，倾听农户心声，受到了广大种粮农民的欢迎和好评。据统计，各级粮食、农业、教育、科技、妇联等部门组织 6000 余名粮食政策和技术等方面的专家，组成 1000 余个工作小组，发放主题宣传册、宣传品 20 多万套，宣传讲解粮食安全政策和爱粮节粮知识。

（三）组织开展系列主题宣传教育活动

紧扣粮食和物资储备中心工作，围绕优质粮食工程、粮食产业经济、粮食收购、粮食质量安全等主题，精心策划选题，持续推出粮食安全、爱粮节粮系列主题宣传报道，推动构建爱粮节粮宣传教育长效机制。全年共制作播发公益视频 12 个，发布主题图解 17 篇，发布整版公益广告 1 次，开展网络直播 2 次，开设专栏 1 个，商请中国移动、中国电信、中国联通三大运营商发送主题公益短信 1 次。各地粮食和物资储备部门结合本地实际，组织开展形式多样的爱粮节粮主题宣传教育活动，在全国范围内形成了很好的联动效应。山西组织"粮食安全进军营、走访慰问子弟兵"活动，湖北组织开展"粮油食品质量监督检测中心开放日"活动，新疆生产建设兵团组织开展"节粮巧妇"评选活动，营造了爱粮节粮、助力粮食安全的良好氛围。

专栏 13　2018 年世界粮食日和粮食安全系列宣传活动

2018 年 10 月 16 日是第 38 个世界粮食日，主题是"努力实现零饥饿"（行动造就未来——到 2030 年能够实现零饥饿）。粮食安全系列宣传活动主题是："端牢国人饭碗，保障粮食安全"。国家粮食和物资储备局会同农业农村部、教育部、科技部、全国妇联，以及联合国粮农组织驻华代表处，组织开展了全国"粮安之星"评选发布活动。在世界粮食日所在周期间，各级粮食和物资储备部门会同农业、教育、科技、妇联等部门单位，走入农村基层，面向农民群众，深入开展粮食安全大走访大调研系列活动。

（一）精心组织主会场活动，评选发布全国"粮安之星"

10 月 16 日，国家粮食和物资储备局等部门单位和联合国粮农组织，在浙江大学联合主办 2018 年世界粮食日和粮食安全系列宣传主会场活动。国家发展和改革委员会党组成员、国家粮食和物资储备局党组书记、局长张务锋讲话，浙江省人民政府副省长彭佳学、农业农村部国际合作司司长隋鹏飞、联合国粮农组织驻华代表马文森分别致辞。

活动现场发布了包括石元春、盖钧镒两位院士在内的 10 位"粮安之星"，交流宣讲了他们在各自领域辛勤耕耘、不懈付出，助力国家粮食安全的先进事迹，向社会公众发出"人人重视粮食安全、人人保障粮食安全"的呼吁倡

议。活动现场还举行了粮食安全大走访大调研活动启动仪式。粮食和物资储备系统干部职工、粮油企业职工、院校师生、社区居民代表等 800 余人参加了杭州主会场活动。各地也结合实际情况，组织开展了分会场活动。

（二）深入开展粮食安全大走访大调研活动

各级粮食、农业、教育、科技、妇联等部门组织 6000 余名机关干部、农业科技专家和涉农院校师生，组成 1000 余个工作小组，走进村庄、走进田野、走进农户，对粮食问题进行摸底调研，宣传讲解粮食政策技术，得到了广大种粮农民的欢迎和好评。

1. 宣讲国家粮食政策

采取专家宣讲、座谈交流、入户走访、发放宣传手册等方式，面对面地向农民群众宣传国家粮食政策，重点讲解国家粮食生产扶持政策、鼓励措施，以及粮食收购质价标准、粮油市场信息等。实地调研了解秋粮收购工作开展和国家粮食收购政策执行落实等情况，听取有关方面的意见建议。

2. 普及粮食科技知识

通过专题讲座、互动解答、现场指导等方式，向农民讲解粮食生产、收获、运输、保管等方面科技知识，增强农民的节粮减损意识，提高节粮减损技能。向农民发放爱粮节粮宣传册、储粮温湿度计等主题宣传品 20 多万套，宣传推广"代清理、代干燥、代储存、代加

工、代销售"等"五代"服务，提高粮食产后专业化服务水平。

3. 倾听农民群众心声

把粮食安全大走访大调研作为体察基层实情、转变工作作风的具体行动，深入乡村农户、田间地头对粮食问题进行摸底调研，认真倾听农民对粮食政策的意见建议，深入了解粮食安全方面存在的矛盾和隐患。

活动周期间，中央和省级主流媒体推出报道 600 余篇，制作播发公益视频 12 个，光明网全程视频直播杭州主会场活动。

第十三部分

对外开放

一　粮棉糖进出口

（一）粮食

2018 年，全球粮食供应较为充足，库存相对充裕，国际市场粮价总体平稳运行。据联合国粮农组织预计，2018 年全球谷物产量达 26.6 亿吨，比上年下降 4880 万吨，主要是小麦和玉米产量下降，但仍处于历史高位。我国粮食产量 6.6 亿吨，比上年下降 371 万吨。在最低收购价等政策支持下，国内粮食市场基本稳定，价格较多高于国际市场。受中美经贸摩擦等影响，2018 年我国粮食进口总量减少，出口总量增加。

1. 粮食进口减少

据海关统计，2018 年我国进口粮食 11555 万吨，比上年减少 1502 万吨，降幅 11.5%。

大豆。2018 年我国进口大豆 8803 万吨，同比下降 749.5 万吨，降幅 8%。其中，美国大豆进口大幅下降，进口 1664 万吨，同比减少 49%，占比为 19%；巴西大豆进口明显增加，进口 6608 万吨，同比增加 30%，占比为 75%。

小麦。2018 年我国进口小麦 310 万吨，同比下降 132 万吨，降幅 30%，主要原因是中美经贸摩擦和澳大利亚干旱减产。其中，自加拿大、哈萨克斯坦、澳大利亚和美国进口分别为 138 万吨、57 万吨、50 万吨、36 万吨，占比分别为 45%、18%、16%、12%。自加拿大、哈萨克斯坦进口同比增长 164%、84%，自澳大利亚、美国进口同比分别减少 74%、77%。

玉米。2018 年我国进口玉米 352 万吨，同比增加 70 万吨，增幅 25%。主要来源国进一步集中，自乌克兰、美国、老挝和缅甸进口分别为 293 万吨、31 万吨、14 万吨、10 万吨，占比分别为 83%、9%、4%、3%。其中，自美国进口下降 50%。

大米。2018 年我国进口大米 306 万吨，同比减少 97 万吨，减幅 24%。其中，自越南、泰国和巴基斯坦大米进口分别为 145 万吨、92 万吨、34 万吨，占比分别为 48%、30%、11%。

2. 粮食出口增加

2018 年我国出口粮食 366 万吨，比上年增加 85.7 万吨，增幅 31%。其中，稻米 209 万吨，比上年增加 89.2 万吨；玉米 1.2 万吨，比上年减少 7.4 万吨；豆类 55 万吨，与上年基本持平。

（二）食用油

2018 年全球油料增产，油脂供应充足，价格低位运行。2018 年我国食用油进口 629 万吨，比上年增加 51.7 万吨。其中，棕榈油 357 万吨，比上年增加 11 万吨；豆油 55 万吨，比上年减少 10 万吨；菜籽油 130 万吨，比上年增加 54 万吨。进口油菜籽 476 万吨，与上年基本持平。

我国食用植物油出口较少。2018 年出口 29.5 万吨，比上年增加 9.5 万吨。其中，豆油 21.8 万吨，比上年增加 8.5 万吨，占出口总量的 74%。

（三）棉花

为保障纺织企业用棉需要，国家发展改革委于2018年6月发布公告，决定在年初89.4万吨关税配额的基础上，增加发放80万吨关税配额外优惠关税税率棉花进口配额。受此影响，2018年棉花进口明显增加。据海关统计，2018年我国进口棉花157万吨，同比增加36.2%。

（四）食糖

2018年，国际糖价低位运行刺激食糖进口，进口量略增。据海关数据，2018年我国进口食糖280万吨，较上年增长22.3%。

二　对外交流与合作

2018年，国家粮食和物资储备局立足于国家外交大局，开展了深层次、多领域的国际合作，多双边合作更加深入，国际影响力进一步扩大；服务外交大局能力显著提升；外事管理与制度建设不断完善；人才队伍建设进一步加强。

（一）突出亮点，深化多双边国际交流合作

为进一步提升我国粮食行业和物资储备系统发展水平，2018年国家局立足国内需求，加强双边合作，广泛开展多边合作，与国际组织务实沟通，推动粮食和物资储备领域国际交流走向新高度。

1. 双边合作重点突出

2018年，继续以"一带一路"建设为重点，着力推动国家粮食和物资储备局与沿线国家在粮食和物资储备领域开展务实合作。为此分别组织实施系列高访团组，深化与保加利亚、俄罗斯、泰国、新西兰、哈萨克斯坦、匈牙利、日本、美国等国家政府粮农行政管理部门、粮食科研院所、收储设施、企业，以及我国驻当地使领馆的联系和相互了解，为未来双边务实合作打下了坚实的基础。

2018年，国家粮食和物资储备局接待外国政府粮农和物资储备部门、外国粮油协会、国际粮农组织和跨国企业高级代表团15个，共计80余人次。外国政府粮农和物资储备主管部门包括乌拉圭牧农渔业部、阿根廷农业产业部、澳大利亚农业与水利部、韩国调达厅、墨西哥农业部等。外国粮油行业组织包括美国稻米协会、澳大利亚粮食行业协会、美国生物能源协会等。国际粮农组织包括联合国世界粮食计划署、国际谷物理事会等。跨国企业包括新加坡丰益国际集团、瑞士布勒集团等。

持续推进合作谅解备忘录及意向书的执行。与乌拉圭牧农渔业部、阿根廷农业产业部代表团就继续加强粮食流通、质量标准、信息交流、粮油科研等领域的合作达成了共识；与澳大利亚农业与水利部代表团探讨新的合作领域；与加拿大谷物委员会各自成立了由粮油领

域专家组成的备忘录执行委员会，不断深化双方人员往来，派员参访加谷委港口检验和物流设施；与韩国调达厅商议签署新的谅解备忘录。

2. 多边合作稳步向前

国家粮食和物资储备局在亚太经合组织（APEC）、亚洲合作对话（ACD）机制中发挥着重要积极作用，承担责任、履行义务，推动区域粮食交流对话，推动务实合作，共同促进粮食安全。

一是积极推动亚太地区粮食安全交流对话。国家粮食和物资储备局作为 APEC 粮食安全政策伙伴关系机制（PPFS）中国政府代表单位，认真履行职责，维护亚太区域粮食安全。派员参加 APEC 粮食安全周系列会议，跟进 2018 年 APEC 粮食安全领域各项目落实情况，参与相关成果文件起草修改，组织巴新华资企业与当地小农进行产销对接，开展合资经营，帮助巴新稻米开发项目寻找中方合作伙伴。就 APEC 全年各个重要成果文件提供修改意见，如 APEC 双部长会声明、APEC 领导人宣言、农业部长会声明、资源和能源部长会声明、后 2020 年愿景要素建议等，并为我国在 APEC 粮食安全领域的相关高层会议（如高官会、双部长会、领导人非正式会议）提供背景资料和表态口径。

二是稳步推动 ACD "粮食、水与能源安全相互关系"领域牵头工作。作为 ACD "粮食、水与能源安全相互关系"领域中国政府牵头单位，推动 ACD 各成员国在该领域的交流与合作。2018 年，组织局科学研究院申请 2019 年度亚洲区域合作专项资金项目，执行 "ACD

框架下绿色生态储粮技术研修班项目"。派员参加 ACD 亚洲能源安全与转型合作论坛，以及 ACD "粮食、水与能源安全相互关系"合作领域牵头国和共同牵头国高级别磋商会议。为 2019 年将在伊朗召开的 ACD 第三次领导人会议做好准备工作。

三是持续加强与相关国际组织的合作。持续与联合国粮农组织（FAO）紧密合作，派员参加《国别规划框架（2016—2020）》中期评估研讨会，履行国际义务，努力消除饥饿，落实联合国《2030 年可持续发展议程》。

继续积极推动与联合国世界粮食计划署（WFP）开展南南合作。在 2017 年首次与 WFP 中国办公室在华共同成功举办 "小农户粮食产后处理及仓储管理培训班"的基础上，2018 年 8 月，与 WFP 中国办公室在中国共同举办了 "国家粮食储备和粮食体系管理培训班"。培训班一行先后在黑龙江省哈尔滨市、绥化市和北京市进行了参访学习，圆满完成培训任务。来自埃及、肯尼亚、尼日尔、塞内加尔、坦桑尼亚、乌干达等非洲发展中国家的 17 名政府粮食政策、管理官员及 WFP 区域、国别办公室官员参加了培训。培训班通过专家讲座、座谈交流、现场参观等形式，帮助学员全面了解了我国粮食储备和粮食管理体系，我国在粮食交易平台建设、粮食科研技术和成果推广，以及在促进小农户与市场对接政策支持体系等方面的相关经验和做法。

（二）应对挑战，积极服务国家外交大局

1. 积极应对世贸工作新挑战

协助商务部做好世贸政策审议相关工作，

同时，积极应对国际贸易争端。多次派员赴瑞士参加美诉我国粮食补贴措施世贸争端案听证会，向商务部提供大量政策法规解读和实施细节方面的意见，努力消除各方对我国粮食安全政策的误解。

2. 持续做好外资准入工作

为进一步落实中央关于推进全面深化改革、扩大对外开放的精神，国家粮食和物资储备局协助国家发展和改革委员会、商务部做好《外商投资准入负面清单》《关于积极有效利用外资推动经济高质量发展若干措施的通知》的修订工作。

3. 大力推动粮食企业"走出去"

积极培育我国大粮商，提升我国粮食国际地位及影响力。立足我国粮食企业"走出去"需求，了解其在对外投资中的困难，在与相关国家政府部门会谈时，将其作为重要的会谈内容与对方进行沟通交流。利用农业对外合作部际联席会议机制平台，推动江苏丰尚、西安爱菊、山东西王等极具实力的粮油企业扩大对外合作，协调解决其在政策、资金、技术、人才等方面的问题，助推大型项目落地见效。

（三）深入务实，组织粮食行业出国培训交流

1. 持续推进粮食科研技术交流

派员参加拉丁美洲谷物会议、西部草原粮食发展会议、国际食品法典委员会会议、世界真菌毒素论坛会议、中日稻米科技研讨会、国际膳食纤维大会、国际分析化学家年会、国际谷物化学家学会年会、世界稻米大会、国际标准化组织油料和油脂分委员会年度会议等科研学术活动，了解国际相关领域先进成果，提高国家粮食和物资储备局粮食科研水平，完善粮油标准化制修订工作。

2. 不断提升技术管理培训与海外智力引进

组织相关管理和技术人员赴美国、英国和日本进行粮食流通监管、优质粮油营养健康科技创新管理、石油储备基地管理技术、矿产资源储备与管理等方面的境外培训，培训内容紧贴当前工作需要，取得扎实效果。组织帮助中粮营养研究院引进食品安全与营养健康技术与创新方法研究海外专家，安排局科学研究院引进粮食产后质量控制与技术服务外国专家，积极有效利用海外资源，推动粮食质量和营养科研发展与成果转化应用水平。

附录

一 2018 年大事记

一月

1 月 10 日，国家粮食局召开第 30 次局组会议，认真传达学习中央有关精神，研究贯彻落实相关措施；审议《中共国家粮食局党组关于贯彻落实加强和维护党中央集中统一领导若干规定精神的意见》；审议《中共国家粮食局党组关于深入贯彻执行中央八项规定精神的实施办法（修订稿）》；研究有关人事事项。张务锋同志主持，徐鸣、曾丽瑛、卢景波、韩卫江同志出席。

1 月 16 日，张务锋同志主持召开党组扩大会议，认真传达学习习近平总书记在十九届中央纪委二次全会上的重要讲话和中央纪委二次全会精神，结合粮食部门实际，研究部署贯彻落实的具体措施。

1 月 19 日，张务锋同志会见江苏省委常委、副省长杨岳一行，就认真学习贯彻习近平新时代中国特色社会主义思想和党的十九大精神，推动江苏粮食流通改革发展等相关工作进行了座谈会商。徐鸣、曾丽瑛、卢景波、韩卫江及相关司局负责同志参加座谈会。

1 月 22～23 日，全国粮食流通工作会议在京召开，会议深入贯彻习近平新时代中国特色社会主义思想和党的十九大精神，认真落实中央经济工作会议、中央农村工作会议精神和全国发展改革工作会议部署要求，总结工作、研判形势，部署 2018 年粮食流通改革发展任务。会议传达学习了国务院领导同志对粮食流通工作的重要批示。国家发展和改革委员会党组成员、副主任胡祖才出席会议并讲话。张务锋同志作工作报告，徐鸣同志作总结讲话，曾丽瑛、卢景波、韩卫江、何毅同志出席会议。

1 月 31～2 月 2 日，张务锋同志一行到山西省，就深入贯彻党的十九大精神，认真落实习近平总书记在山西视察时的重要指示，扎实推进粮食流通改革发展，培植壮大特色优质粮食产业进行了实地调研。山西省委副书记、省长楼阳生，副省长贺天才、陈永奇与张务锋同志一行会面，就共同推动山西小杂粮产业发展等进行了深入交流。期间，走访慰问了原平市粮食系统中中华人民共和国成立前参加工作的部分离退休干部职工，在新春到来之际向他们致以亲切的问候，感谢他们为粮食流通改革发展做出的突出贡献。

二月

2 月 5 日，国家粮食局在北京举行 2018 年离退休干部新春茶话会。张务锋同志出席茶话会并讲话，徐鸣、曾丽瑛、卢景波、韩卫江同志，中储粮集团公司副总经理陈红旗共同出席茶话会，集体向老同志拜年，送上新春问候和节日祝福。白美清等老领导、在北京的离退休老同志代表 150 余人出席茶话会。

2 月 8 日，张务锋同志带队，到北京市场检查调研春节粮油市场供应工作。卢景波同志参加调研，北京市副市长殷勇一同调研。

2月9日，国家粮食局召开2017年度工作总结大会，张务锋同志出席会议并讲话，徐鸣、曾丽瑛、卢景波、韩卫江、何毅同志出席会议，并向干部职工拜年。

2月11日，国家粮食局召开赴基层挂职干部座谈会。曾丽瑛同志主持座谈会并讲话。原国家粮食局援疆、援藏和在定点扶贫县、东北老工业基地、革命老区挂职的7名干部参加了座谈会。

2月28日，国家粮食局举行新任职司处级国家工作人员宪法宣誓仪式。张务锋同志监誓；徐鸣、卢景波、韩卫江同志出席；曾丽瑛同志主持；何毅同志领誓。2016年1月后局党组任命的司处级干部参加宣誓。

三月

3月5日，国家粮食局组织集中收看第十三届全国人民代表大会第一次会议开幕会，认真聆听学习李克强总理所作的政府工作报告。国家粮食局党组还就学习贯彻第十三届全国人民代表大会第一次会议特别是李克强总理所作报告精神做了安排和部署，要求全局各单位要结合粮食工作实际，把政府工作报告和会议精神学习好、宣传好、贯彻好、落实好。

3月12日，张务锋同志会见了来访的新加坡丰益国际集团董事局主席、益海嘉里投资有限公司董事长郭孔丰一行。张务锋同志希望益海嘉里集团继续走创新引领发展之路，大力发展订单农业，进一步融入"一带一路"倡议，积极参与中国优质粮食工程建设，并加强与国家粮食局科学研究院、中国粮油学会的交流与合作。

3月20日，国家粮食局召开第24次局长办公会议，传达学习贯彻《中共中央关于印发〈深化党和国家机构改革方案〉的通知》；传达学习全国"两会"精神，部署贯彻落实工作安排；听取关于全国粮食流通执法督查创新示范单位创建活动开展情况的汇报。张务锋同志主持，徐鸣、曾丽瑛、卢景波、韩卫江、何毅同志出席。

3月22日，国家粮食局召开党组扩大会议，宣布中央关于国家粮食和物资储备局领导班子任职的决定。张务锋同志主持，徐鸣、曾丽瑛、卢景波、韩卫江同志，中组部干部四局局长钟海东出席。之后，召开国家粮食和物资储备局第1次局党组会议，传达中央关于国家粮食和物资储备局领导班子组成的决定；研究局领导班子成员初步分工；听取局组建工作有关准备情况汇报，研究部署下一步工作；通报了国家机关事务管理局决定将北京市西城区月坛北街25号院作为新办公地址的相关情况。张务锋同志主持，曾丽瑛、卢景波、韩卫江同志出席。

3月26日，国家粮食和物资储备局召开第2次局党组会议，传达学习贯彻《中共中央办公厅　国务院办公厅关于做好党和国家机构改革有关事项的通知》《中央纪委关于认真履行纪检监察职责　保证深化党和国家机构改革顺利进行的通知》和国家发展和改革委员会第1次党组会议精神；通报局领导班子初步分工；研究部署国家粮食和物资储备局组建有关工作。张务锋同志主持，曾丽瑛、卢景波、韩卫江同志出席。

四月

4月4日，国家粮食和物资储备局举行挂牌仪式。全国政协副主席，国家发展和改革委员会党组书记、主任何立峰为国家粮食和物资储备局揭牌，国家发展和改革委员会党组成员、副主任张勇出席仪式；张务锋同志主持仪式；曾丽瑛、卢景波、韩卫江同志参加挂牌仪式。

4月8日，国家粮食和物资储备局召开第1次局长办公会议，传达学习贯彻国务院常务会议精神和国务院领导同志到国家发展和改革委员会调研时的重要讲话精神；通报3月份全局重点工作进展情况；审议《全国粮食和物资储备系统安全稳定工作视频会议方案》；听取粮食和物资储备系统安全稳定工作督导检查安排的汇报；听取关于修订小麦和稻谷最低收购价执行预案有关情况的汇报。张务锋同志主持，曾丽瑛、卢景波、韩卫江、何毅同志出席。

4月19～20日，粮食交易工作座谈会在北京召开，会议深入学习贯彻习近平新时代中国特色社会主义思想和党的十九大精神，认真落实全国粮食流通工作会议部署要求，研究分析粮食交易工作面临的新形势新任务，对加快推进国家粮食电子交易平台建设，进一步做好粮食交易各项工作做出安排部署。卢景波同志出席会议并讲话。

4月23日，国家粮食和物资储备局召开全国粮食和物资储备系统安全稳定廉政工作视频会议，动员全系统深入贯彻习近平新时代中国特色社会主义思想，认真落实党中央、国务院决策部署，以严而又严、紧而又紧、实而又实的举措，抓安全、保稳定、促廉政，为国家粮食安全和国家储备安全提供坚强保障。会议认真传达学习了国家发展和改革委员会党组书记、主任何立峰同志的重要批示。张务锋同志出席会议并讲话；曾丽瑛同志主持会议；卢景波、韩卫江同志，中央纪委驻国家发展和改革委员会纪检组副组长姜文鹏，何毅同志出席会议。

4月23日，国家粮食和物资储备局召开欢迎转隶人员大会。张务锋同志出席会议并讲话；曾丽瑛同志主持会议；卢景波、韩卫江同志，中央纪委驻国家发展和改革委员会纪检组副组长姜文鹏，何毅同志出席会议。

4月26日，张务锋同志会见中粮集团党组副书记、总裁于旭波一行，就当前重点工作进行了认真座谈会商。卢景波同志，中粮集团党组成员、副总裁栾日成参加。

4月26日，张务锋同志听取武汉轻工大学党委书记谭晓明、校长刘民刚工作汇报，并就"科技兴粮、人才兴粮"工作进行了认真会商。卢景波同志出席。

五月

5月4日，国家粮食和物资储备局临时机关团委联合水利部、国务院港澳事务办公室、中国宋庆龄基金会等单位团组织，组织开展"青春与奉献——岗位建功在基层"演讲交流活动，青年团员结合自身经历，讲述在基层岗位无私奉献、担当作为，创造无悔青春的感人故事，展示了新时代青年干部的良好精神面貌。

5月8日，国家粮食和物资储备局党组理论学习中心组，以"深入贯彻习近平总书记总体国家安全观，全面履行职责任务，为保障国家粮食安全和战略应急储备安全作出新的更大贡献"为主题，进行认真学习交流。张务锋同志主持集体学习；曾丽瑛、卢景波、韩卫江、何毅同志和有关司局主要负责同志分别进行交流发言。

5月10日，张务锋同志在京会见了乌拉圭牧农渔业部新任部长恩佐·贝内奇一行，双方就加强合作交换了意见。卢景波同志出席。

5月10～11日、14～15日，国家粮食和物资储备局分两期组织司处级领导干部专题培训班。曾丽瑛同志出席开班式、结业式，分别发表动员讲话和总结讲话。

5月16日，张务锋同志到国家粮食和物资储备局科学研究院调研科技兴粮工作。张务锋同志听取了关于院改革推进情况与请求支持事项的工作汇报，与11位科研人员代表就如何建设一流科研院所进行了座谈。曾丽瑛同志一同调研。

5月17日，粮食安全省长责任制国家考核工作组第三次联席会议在京召开。会议分析研判了当前粮食安全工作面临的新形势和新任务，研究部署当前粮食安全省长责任制考核有关工作。粮食安全省长责任制国家考核工作组组长，国家发展和改革委员会党组书记、主任何立峰同志出席会议并发表讲话。国家发展和改革委员会党组成员、副主任张勇同志主持会议；张务锋同志通报了2017年度考核进展情况和部门抽查方案；曾丽瑛同志通报2018年度粮食安全省长责任制考核方案。

5月17日，国家粮食和物资储备局在河北省正定县召开全国夏季粮油收购工作会议，认真学习贯彻国家粮食收购政策，深入分析夏季粮油购销形势，对收购工作做出全面部署。卢景波同志主持会议并讲话，河北省人民政府副秘书长赵国彦出席会议。

5月18日，张务锋同志在京会见了阿根廷农业产业部部长路易斯·艾特切维埃莱一行，就加强粮食领域交流合作交换了意见。卢景波同志出席。

5月20日，为进一步落实习近平总书记视察山西重要指示精神，共同推进山西粮食产业高质量发展，切实保障国家粮食安全，国家粮食和物资储备局与山西省人民政府，在太原签署战略合作协议。张务锋同志、山西省副省长陈永奇代表双方签约并讲话；卢景波同志出席签约仪式；山西省政府副秘书长刘星主持签约仪式。之后，举行2018年全国粮食科技活动周启动仪式。启动仪式现场举行了"国家功能杂粮技术创新中心"授牌、粮食科普知识展、中国好粮油展、中国好粮油（小米）品鉴会、杂粮学术报告会等活动。

5月21日，为深入贯彻习近平总书记视察湖北时的重要指示精神，认真落实总体国家安全观和国家粮食安全战略，共同推进湖北粮食产业高质量发展，国家粮食和物资储备局与湖北省人民政府，在武汉签署战略合作协议。张务锋同志、湖北省副省长周先旺代表双方签约并讲话；曾丽瑛、卢景波同志出席签约仪式；湖北省政府副秘书长吕江文主持签约仪式。同时，2018年全国粮食科技活动周武汉会场活动正式开幕。

5月21日，国家粮食和物资储备局在湖北省武汉市召开全国科技兴粮人才兴粮座谈会。认真落实习近平总书记关于科技和人才工作的重要指示，交流经验做法，研究部署新时代"科技兴粮"和"人才兴粮"的创新举措。张务锋同志出席会议并讲话，曾丽瑛同志主持会议，卢景波同志通报有关情况，人力资源和社会保障部有关司负责同志进行了人才政策解读。

5月24日，国家粮食和物资储备局召开党组扩大会议，宣布梁彦同志任职决定。张务锋同志主持，曾丽瑛、卢景波、韩卫江、梁彦同志出席。

5月29日，国家粮食和物资储备局召开第6次局党组会议，传达学习贯彻全国生态环境保护大会会议精神；审议《中共国家粮食和物资储备局党组贯彻执行〈中国共产党党务公开条例（试行）〉实施细则》等议题。张务锋同志主持，曾丽瑛、卢景波、韩卫江、梁彦同志出席。

六月

6月4~7日，韩卫江同志率领粮食安全省长责任制考核部门联合抽查组，对天津市人民政府2017年度落实粮食安全省长责任制落实情况进行了实地抽查考核。

6月5~6日，全国粮食质量安全监管工作会议在浙江省杭州市召开，认真贯彻国务院食安委第五次全体会议精神，按照全国粮食流通工作会议部署，总结工作，交流经验，分析问题，研判形势，安排粮食质量安全监管重点任务。张务锋同志对会议作出批示；韩卫江同志出席会议并讲话。

6月10~12日，张务锋同志到四川省调研优质粮食工程建设和物资储备重点工作。期间，同四川省委副书记、省长尹力，省委常委、常务副省长王宁会面，共商认真落实习近平总书记在川视察重要讲话精神，加快推动粮食产业高质量发展，擦亮四川粮食大省"金字招牌"等举措。

6月10~13日，张务锋同志率领由粮食安全省长责任制考核部门联合抽查组，对四川省人民政府2017年度落实粮食安全省长责任制情况进行了现场抽查。

6月11日，卢景波同志带队赴安徽省开展2017年度粮食安全省长责任制考核部门联合抽查工作。

6月14日，国家粮食和物资储备局召开第7次局党组会议，认真传达贯彻习近平总书记关于打赢脱贫攻坚三年行动的重要指示等；认真传达贯彻省区市纪检监察工作座谈会精神；听取关于制订《中共国家粮食和物资储备局党组巡视工作规划（2018~2022年）》有关情况的汇报；听取关于组建国家粮食和物资储备局临时机关党委、纪委有关情况的汇报。张务锋同志主持，曾丽瑛、卢景波、韩卫江、梁彦同志出席。

6月18日，第十四届粮食产销协作福建洽谈会在福建省福州市举行，卢景波同志出席活动并讲话。活动期间，卢景波同志与福建省副省长李德金就粮食流通工作交换了意见。

七月

7月6日，首届"一带一路"粮食安全高峰论坛在甘肃省兰州市举行。张务锋同志出席论坛并致辞。韩卫江同志主持。

7月6日，国家粮食和物资储备局与甘肃

省人民政府在兰州市签署《共建区域粮食安全保障体系加快粮食产业高质量发展战略合作协议》。张务锋同志，甘肃省委常委、常务副省长宋亮代表双方签约并讲话；韩卫江同志出席仪式；甘肃省政府副秘书长郭春旺主持。

7月12日，全国物资储备系统安全稳定廉政工作汇报会在北京召开。张务锋同志出席会议，代表国家粮食和物资储备局党组与各储备物资管理局（办事处）签订安全稳定责任书和党风廉政建设责任书，并作了重要讲话。曾丽瑛、卢景波、韩卫江、梁彦同志，中央纪委国家监委驻国家发展和改革委员会纪检监察组副组长姜文鹏，何毅同志出席会议。

7月13～14日，全国粮食和物资储备局长座谈会在北京召开。主要任务是，认真落实习近平新时代中国特色社会主义思想和党的十九大精神，深入贯彻总体国家安全观，分析形势，凝聚共识，全面深化改革，推动转型发展，切实提高国家粮食安全和物资储备安全保障能力。张务锋同志出席会议并讲话；曾丽瑛、卢景波、韩卫江、梁彦，中央纪委国家监委驻国家发展和改革委员会纪检监察组副组长姜文鹏，何毅同志出席会议。

7月16日，曾丽瑛同志出席了离退休干部代表和来京参加"老手拉小手"活动的国家局对口扶贫县安徽省阜南县盛郢村小学师生代表见面会。

7月19日，国家粮食和物资储备局召开第11次局党组会议，认真传达贯彻习近平总书记在十九届中央政治局第六次集体学习时的重要讲话及中央和国家机关党的政治建设推进会精神；听取关于国家局职能配置、内设机构和人员编制规定的汇报。张务锋同志主持，曾丽瑛、卢景波、韩卫江、梁彦同志出席。

7月20日，张务锋同志和卢景波、韩卫江同志赴武警部队走访慰问，与武警部队副司令员于建华少将、后勤部部长孔诚少将、副部长魏大林少将、参谋长助理张红生等举行工作座谈，共同研究加强粮食和物资储备系统安全保障等工作。

7月24日，国家粮食和物资储备局在云南省昆明市举办了2018年"全国食品安全宣传周·粮食质量安全宣传日"主会场活动。曾丽瑛同志到会讲话，云南省政府副省长陈舜致辞。

7月24～27日，张务锋同志赴黑龙江省开展调研。期间，同黑龙江省委副书记、省长王文涛，就深入学习贯彻落实习近平总书记关于保障国家粮食安全特别是发展"粮头食尾""农头工尾"的重要指示精神，共同推进黑龙江粮食产业高质量发展，进行深入会商，达成了高度共识。副省长刘忻参加调研和会商。

7月27日，国家粮食和物资储备局临时机关党委召开严肃党的组织生活专题推进会，深入学习贯彻习近平总书记重要讲话和批示，全面落实中央和国家机关党的政治建设推进会精神，研究部署进一步严肃党的组织生活的具体举措。曾丽瑛同志出席会议并讲专题党课。

7月31日，国家粮食和物资储备局召开"深化改革转型发展"大讨论活动总结大会，对粮食和物资储备系统深化改革、转型发展做出部署。会议认真传达贯彻了国家发展和改革委员会党组书记、主任何立峰的重要批示。张务锋同志出席会议并讲话，曾丽瑛、卢景波、韩卫江、梁彦、何毅同志出席会议。

7月31日，张务锋同志赴应急管理部，围绕部门"三定"规定及职责关系、物资调运、预案对接以及中央救灾物资储备库管理体制和运行机制等内容，与应急管理部党组成员、副部长郑国光同志进行商谈。梁彦同志出席。

八月

8月17～26日，国家粮食和物资储备局与联合国世界粮食计划署（WFP）中国办公室在中国共同举办了"国家粮食储备和粮食体系管理培训班"。培训班一行先后在黑龙江省哈尔滨市、绥化市和北京市进行了参访学习，完成了培训任务。

8月18日，首届中国粮食交易大会在哈尔滨开幕。黑龙江省委书记张庆伟，省委副书记、省长王文涛，张务锋同志出席开幕式，共同为交易大会启动开幕。河北省副省长时清霜，山西省副省长陈永奇，吉林省副省长李悦，山东省副省长王书坚，河南省副省长武国定，全国人大原常委、大寨党总支书记郭凤莲，黑龙江省委常委、秘书长张雨浦，黑龙江省副省长刘忻，哈尔滨市市长孙喆，黑龙江省政府秘书长王冬光，卢景波同志，国家粮食安全政策专家咨询委员会副主任赵中权，世界粮食计划署驻华代表屈四喜出席开幕式。韩卫江同志主持开幕式。

8月18日，国家粮食和物资储备局与黑龙江省人民政府在哈尔滨签署战略合作协议。黑

龙江省委副书记、省长王文涛，张务锋同志出席仪式并致辞；黑龙江省副省长刘忻与卢景波同志代表双方签约；韩卫江同志出席仪式；黑龙江省政府秘书长王冬光主持签约仪式。

8月18日，国家粮食和物资储备局、黑龙江省人民政府联合在哈尔滨召开"粮食产业强国建设学术报告会"。全国人大农业与农村委员会主任委员、国家粮食安全政策专家咨询委员会顾问陈锡文，中国国际经济交流中心常务副理事长、执行局主任、国家粮食安全政策专家咨询委员会主任委员张晓强，国家发展和改革委员会农村经济司副司长许正斌三位专家作专题报告。张务锋、韩卫江同志，黑龙江省政府副省长刘忻，国家粮食安全政策专家咨询委员会副主任委员赵中权出席报告会。

8月19～20日，国家粮食和物资储备局在黑龙江省哈尔滨市召开全国加快推进粮食产业经济发展第二次现场经验交流会。会议主题是深入贯彻习近平总书记关于"粮头食尾"和"农头工尾"的重要指示精神，紧紧围绕粮食产业高质量发展交流经验，创新举措，着力构建现代化粮食产业体系，加快建设粮食产业强国。张务锋同志出席会议并讲话；黑龙江省人民政府副省长刘忻出席会议并致辞；卢景波、韩卫江同志出席会议。

8月20日，中国粮食交易大会——粮食产业经济项目投资洽谈会暨粮食交易大会签约仪式在哈尔滨举行，韩卫江同志出席签约仪式。本届交易大会共成交各类粮油1807万吨，其中，线上成交581万吨，成交金额283亿元；成交粮油加工机械511台（套），成交金额3亿元；成功签约粮食产业经济投资项目6个，

总投资141.8亿元。其他项目还在进一步对接洽谈中。交易大会期间，各省级粮食交易中心还分别组织了浙闽赣、川鄂、晋冀、鲁辽、鄂闽等专场特色对接活动，成效显著。

8月22～23日，国家粮食和物资储备局在青海省西宁市举办粮食流通统计软件培训班，重点讲解"国家粮食统计信息系统"二期的数据审核、数据查询和趋势分析等功能。培训班通报了2018年以来粮食统计工作情况，明确了下一步统计工作重点任务及具体要求，并邀请海关总署等部门专家就粮食进出口情况及海关统计制度、当前粮油供需形势和粮食购销政策进行了讲解。

8月28日，曾丽瑛同志在北京会见了来访的布勒集团国际运营总裁、执行董事会董事傅德利·迪特先生一行。双方就我国粮食行业在粮油食品加工技术方面的需求进行了交流和探讨。

九月

9月4日，全国政策性粮食库存数量和质量大清查部际协调机制第一次会议在北京召开。部际协调机制召集人、国家发展和改革委员会党组成员、副主任张勇主持会议并讲话。部际协调机制副召集人张务锋同志宣布了部际协调机制及其办公室职责和组成人员名单。会议通报了大清查前期工作情况，审议了大清查试点方案、相关检查方法和工作指引。

9月5日，国家粮食和物资储备局召开党组扩大会议，宣布黄炜同志任职决定。张务锋同志主持，曾丽瑛、卢景波、黄炜、韩卫江、梁彦同志出席。

9月10～17日，张务锋同志率代表团访问了保加利亚、俄罗斯。访问期间，张务锋同志介绍了中国的国情、粮情及中国粮食流通基本情况，国家粮食和物资储备局职能；宣传了我国实施国家粮食安全战略、加强农业供给侧结构性改革、积极实施优质粮食工程、促进农产品消费升级有关政策举措；了解了保加利亚、俄罗斯两国粮食生产、流通、加工、消费、贸易等情况，并与有关方面就加强粮食流通领域相关合作事项进行了交流会商。

9月17～21日，国家粮食和物资储备局派出10个督查组，赴安徽等10个试点省开展大清查试点工作督查。督查组严格按照试点工作督查方案要求，坚持问题导向、明确目标、突出重点，扎实开展督查工作。在听取有关省份大清查试点工作进展情况汇报后，督查组深入试点地市、企业进行实地督查。

9月18日，全国秋粮收购工作会议在江苏省南京市召开，会议传达学习秋粮收购政策，分析研判市场走势和收购形势，对做好秋粮收购工作进行安排部署。卢景波同志出席会议并话。

9月26～28日，国家粮食和物资储备局在安徽省阜南县举办了"阜南县脱贫攻坚培训班"。韩卫江同志出席开班仪式并讲话。培训班邀请国务院扶贫办专家专题辅导了党中央、国务院关于打好精准脱贫攻坚战的新部署新要求；局扶贫办有关负责同志介绍了国家局支持阜南县定点扶贫工作的统一部署和政策措施；组织相关专家围绕党建扶贫和怎样当好村支书等专题进行了授课，还组织学员代表围绕贫困村实际情况，结合培训知识，进行了典型发言交流。

9月30日，国家粮食和物资储备局召开第

19次局党组会议，认真传达贯彻习近平总书记在东北三省考察和深入推进东北振兴座谈会上的重要讲话精神；听取中央保密办督导组来国家局督查保密工作有关情况汇报；研究人事有关事项。张务锋同志主持，曾丽瑛、卢景波、黄炜、韩卫江、梁彦同志出席。

十月

10月12日，国家粮食和物资储备局召开2018年老干部粮食和物资储备工作情况通报会。张务锋同志出席会议，向老同志致以节日的祝贺和诚挚的问候并通报工作情况。曾丽瑛同志主持会议，黄炜、韩卫江、梁彦、何毅、宋红旭同志出席会议。

10月16日，国家粮食和物资储备局、农业农村部、教育部、科技部、全国妇联和联合国粮农组织在浙江大学联合主办2018年世界粮食日和粮食安全系列宣传主会场活动。活动期间，国家和省级粮食、农业、教育、科技、妇联等部门单位，组织机关干部、农业科技专家、涉农院校师生等，组成2000多个工作组，走村入户、深入田间地头，认真倾听农民对国家粮食政策的意见建议，深入了解粮食安全方面存在的突出问题；同时，面对面宣传国家粮食政策，讲解粮食生产、收获、运输、保管等方面知识，提高农户粮食种植和收储技术水平。

10月16日，国家粮食和物资储备局与浙江省人民政府在杭州签署战略合作协议。张务锋同志、浙江省副省长彭佳学同志分别讲话并共同签署战略合作协议；黄炜、韩卫江同志出席签约仪式。

10月16日，2018年世界粮食日和粮食安全系列宣传活动分会场——中国粮油学会第八次全国会员代表大会暨第九届学术年会在北京召开。曾丽瑛同志出席大会开幕式并讲话。

10月16～20日，全国粮食和物资储备系统改革开放40周年成就图片展在浙江大学展出。图片展以全国粮食和物资储备系统改革发展历程为主线，分为前言、重要论述、体制改革、机构沿革、辉煌成就、结束语六部分，共展出200余张图片。展示了40年来我国粮食和物资储备事业改革发展的光辉历程与巨大成就，体现了粮食和物资储备人始终如一的奉献和担当。活动首日，张务锋、黄炜、韩卫江同志，浙江省人民政府副省长彭佳学，以及粮食和物资储备系统的干部职工代表参观了展览。

10月23日，张务锋同志赴国家国防科技工业局，就贯彻落实习近平总书记总体国家安全观等内容，与工业和信息化部副部长、党组成员，国家国防科技工业局党组书记、局长张克俭同志进行了商谈。梁彦同志出席。

10月25日，国家粮食和物资储备局召开警示教育大会。会议认真传达学习了习近平总书记重要指示批示，以及中央和国家机关警示教育大会精神，通报了违纪违法典型案例，对深入推进全局党风廉政建设和反腐败斗争进行再动员、再部署。张务锋同志出席会议并讲话。曾丽瑛、卢景波、黄炜、韩卫江、梁彦同志，中央纪委国家监委驻国家发展和改革委员会纪检监察组副组长徐建国同志，何毅、宋红旭同志出席会议。

十一月

11月6日，国家粮食和物资储备局召开第10次局长办公会议，认真传达贯彻国务院领导同志重要批示精神；听取办公室（研究室）关于国家局大兴调查研究之风有关情况的汇报和部分司局单位关于重点调研课题完成情况的汇报；听取办公室关于局领导同志率队开展谋划2019年改革发展思路举措及全国政策性粮食大清查和秋粮收购调研督导具体安排的汇报。张务锋同志主持，曾丽瑛、卢景波、韩卫江、梁彦、何毅、宋红旭同志出席。

11月8日，《粮食安全保障法》起草领导小组第一次会议在北京召开。受国家发展改革委主任、起草领导小组组长何立峰同志委托，国家发展改革委副主任、起草领导小组副组长张勇同志主持会议并讲话。全国人大常委会委员、农业与农村委员会副主任委员、起草领导小组副组长杜德印同志，国家发展和改革委员会党组成员、国家粮食和物资储备局局长、起草领导小组副组长张务锋同志，起草领导小组成员司法部副部长刘炤同志，自然资源部副部长王广华同志，水利部副部长魏山忠同志，卢景波、黄炜同志，以及起草领导小组成员单位的有关负责同志出席会议。会上，杜德印同志宣布了《中华人民共和国粮食安全保障法》起草领导小组和工作组组成人员名单。张务锋同志通报了立法前期工作进展情况。会议审议通过了起草工作组织方案、立法思路、进度安排等事项。

11月12～17日，张务锋同志到海南省和广东省就认真落实党中央、国务院决策部署，科学谋划粮食和物资储备改革发展进行调研，并督导政策性粮食数量和质量大清查试点与秋粮收购工作。期间，同两省政府有关负责同志就维护区域粮食安全、保障国家粮食安全进行了会商。

11月13日，梁彦同志会见了韩国调达厅公共物资局局长崔镐天一行，就进一步加强中韩物资储备交流工作交换意见。双方介绍了两国物资储备体系的基本情况，就2004年签订的合作谅解备忘录的更新达成了一致，并商议在备忘录基础上进一步深化合作。

11月16日，全国粮食和物资储备系统办公室主任会议在四川省成都市召开。会议认真贯彻习近平新时代中国特色社会主义思想和党的十九大精神，按照国家粮食和物资储备局党组的部署要求，对全系统贯彻落实年初工作会议、年中座谈会精神和局党组"两决定一意见"情况进行督导调度，总结2018年以来办公室工作成绩，分析形势，交流经验，研究部署新形势下进一步做好办公室工作的思路举措。张务锋同志对会议作出重要批示。韩卫江同志出席会议并讲话。

11月26～27日，张务锋同志赴山东调研粮食和物资储备改革发展重点工作，并出席首届山东粮油产业博览会开幕式，为滨州小麦、玉米、大豆等国家级粮食产业技术创新中心授牌，为"齐鲁粮油"公共品牌标识揭牌。调研期间，张务锋先后到淄博、泰安、济宁市，深入泰茶农业发展有限公司优质小杂粮基地、金利康面粉有限公司粮食生产服务中心和部分国家物资储备库，了解优质粮食工程项目建设和储备物资管理情况。山东省副省长王书坚，中国工程院院士孙宝国、岳国君，中国粮油学会理事长张桂凤等领导和专家出席开幕式。

11月28日上午，卢景波同志在北京会见来访的国际谷物理事会（IGC）理事长阿诺·佩蒂先生。双方就全球粮食市场发展趋势及其他共同关心的问题进行了深入交流，并就进一步在粮油市场信息等领域加强合作达成共识。

十二月

12月12～13日，张务锋同志专程到定点扶贫县安徽省阜南县开展调研。先后察看了阜南县部分粮食产后服务中心项目、"中国好粮油"弱筋小麦品种筛选试验基地和文化广场等，实地了解帮扶工作成效；进村入户走访慰问了部分贫困户，了解他们的家庭、收入和生活情况，鼓励他们坚定信心决心，战胜困难奔小康。期间，与阜阳市负责同志、阜南县委政府和有关部门负责同志进行座谈，听取阜南县经济社会发展、脱贫攻坚和粮食工作等情况汇报，共同研究下一步精准扶贫、精准脱贫的思路举措。梁彦同志一同调研。

12月17～18日，全国政策性粮食库存数量和质量大清查试点工作情况调度座谈会在北京召开。大清查部际协调机制召集人、国家发展改革委党组成员、副主任张勇同志出席会议并作讲话。大清查部际协调机制副召集人张务锋同志主持会议并讲话。大清查部际协调机制办公室主任卢景波同志对大清查下步工作提出具体要求。会上，试点省份省政府副秘书长和部分试点地市政府负责同志介绍了大清查试点工作情况。各试点省、市粮食部门负责同志就试点过程中发现的问题，特别是完善2019年政策性粮食库存大清查实施方案和检查方法进

行了深入讨论研究。

12月18日，国家粮食和物资储备局召开党员干部大会，认真传达贯彻庆祝改革开放40周年大会精神，认真学习习近平总书记在大会上的重要讲话，动员各司局单位党组织和广大党员干部，迅速掀起学习贯彻大会精神热潮，统一认识、凝聚力量，解放思想、创新作为，不断把粮食和物资储备改革发展引向深入。张务锋同志出席会议并发表动员讲话，曾丽瑛、卢景波、黄炜、韩卫江、梁彦、何毅、宋红旭同志出席会议。

12月20日，中国共产主义青年团国家粮食和物资储备局直属机关委员会成立暨第一次团员大会召开。受张务锋同志委托，局党组成员、副局长、直属机关党委书记曾丽瑛同志出席会议并讲话。大会选举产生了共青团国家粮食和物资储备局直属机关第一届委员会。

12月21～23日，国家粮食和物资储备局在安徽省阜南县组织开展了脱贫攻坚专题培训。

12月23日，国家粮食和物资储备局召开第27次局党组会议，认真传达贯彻中央经济工作会议精神；认真传达贯彻全国发展和改革工作会议精神；审议《中共国家粮食和物资储备局党组2018年度民主生活会实施方案》和《在京司局级单位领导班子、各储备物资管理局党组2018年度民主生活会方案》；审议《关于认真贯彻落实〈关于深化中央纪委国家监委派驻机构改革的意见〉以及驻委纪检监察组有关工作建议的方案》等内容。张务锋同志主持，曾丽瑛、卢景波、黄炜、韩卫江、梁彦同志出席。

12 月 24 日，张务锋同志带领局机关和直属联系单位 200 多名党员干部赴国家博物馆，参观"伟大的变革——庆祝改革开放 40 周年大型展览"。韩卫江、何毅同志参加。

二　2018/2019 年度国际粮油市场回顾

根据联合国粮农组织 2019 年 4 月数据，预计 2018/2019 年度全球谷物产量 26.6 亿吨，较 2017/2018 年度创纪录水平减少 4880 万吨，减幅 1.8%。其中，玉米和小麦产量下降，大米和高粱产量增加。预计全球谷物消费量为 26.8 亿吨，同比增加 2808 万吨，增幅 1.1%，三大谷物消费量均呈刚性增长。预计贸易量 4.1 亿吨，同比减少 916 万吨，减幅 2.2%。除玉米外，预计其他主要谷物贸易量同比均有所下降。预计期末库存 8.5 亿吨，同比减少 2508 万吨，减幅 2.9%。库存消费比为 31.6%，比 2018 年高点下降 1.3 个百分点，但比过去 10 年平均值高 3.5 个百分点，说明全球谷物供求状况仍较充足。

（一）小麦

联合国粮农组织预计，2018/2019 年度全球小麦产量为 7.3 亿吨，同比减少 2904 万吨，减幅 3.8%。其中，俄罗斯小麦产量 7207 万吨，同比减少 1380 万吨；乌克兰产量 2459 万吨，同比减少 157 万吨；欧盟小麦产量 1.38 亿吨，同比减少 1450 万吨；澳大利亚小麦产量 1730 万吨，同比减少 395 万吨，已连续第 3 年下降；美国小麦产量 5129 万吨，同比增加 391 万吨；加拿大小麦产量 3177 万吨，同比增加 179 万吨。

预计 2018/2019 年度小麦消费量 7.5 亿吨，同比增加 857 万吨，增幅 1.2%。亚洲小麦需求量刚性增长，是拉动小麦食用消费增长的主要动力。澳大利亚天气干旱，牧场面积收缩，需要增加小麦喂养牲畜，小麦饲料消费量增加。预计澳大利亚小麦消费量 935 万吨，同比增加 174 万吨；欧盟小麦饲用消费量略高于预期。俄罗斯受小麦价格上涨影响，畜禽养殖场减少了小麦用量，增加了玉米用量。预计俄罗斯小麦国内消费量 4268 万吨，同比减少 100 万吨。

预计 2018/2019 年度小麦贸易量 1.7 亿吨，同比减少 630 万吨，降幅 3.6%。俄罗斯受小麦减产影响，出口下降，预计小麦出口 3620 万吨，同比减少 462 万吨，但仍处于历史高位；预计澳大利亚小麦出口仅 942 万吨，同比下降 440 万吨，连续 2 年大幅下降。预计阿尔及利亚、印度、南非、土耳其进口量均有所减少，完全抵消了欧盟和亚洲部分国家进口增加产生的影响。

预计 2018/2019 年度全球小麦期末库存 2.7 亿吨，同比减少 1395 万吨，减幅 5.0%，主要在于俄罗斯和欧盟小麦库存同比降幅相对较大。预计俄罗斯小麦库存 910 万吨，同比减少 651 万吨，降幅 41.7%；欧盟小麦库存 1400 万吨，同比减少 700 万吨，降幅 33.3%。

2018 年国际市场小麦价格总体呈上涨走势。12 月 31 日，芝加哥期货市场小麦主力合约收盘 503.0 美分 / 蒲式耳，同比上涨 17.7%。价格支撑因素主要是 2018 年春季美国小麦受到寒冷天气威胁，黑海地区恶劣天气耽搁春小麦播种，澳大利亚和俄罗斯小麦产区高温干燥，单产受到一定影响。由于小麦出口市场竞争激烈，2018 年 9 月小麦价格开始走弱。

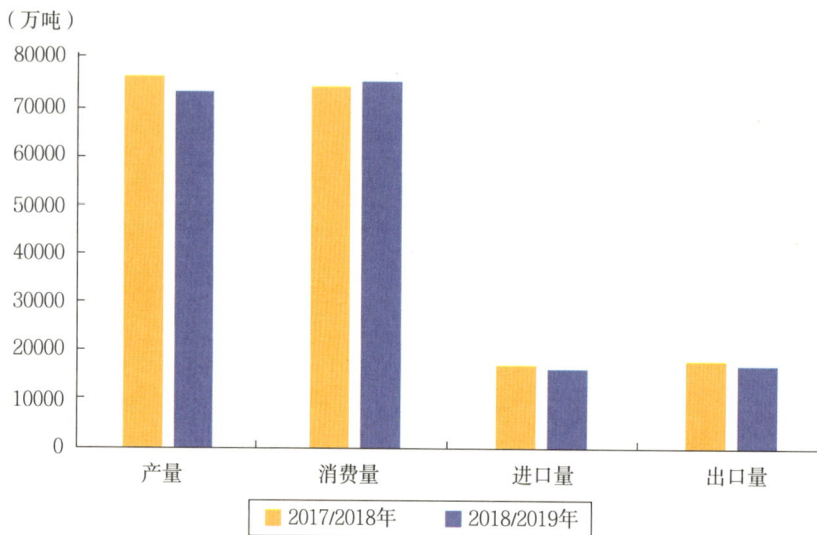

图 1　全球小麦供求及贸易情况

（二）玉米

联合国粮农组织预计，2018/2019 年度全球玉米产量 11.2 亿吨，较上年度创纪录水平减少 2033 万吨，减幅 1.8%。预计美国玉米产量 3.7 亿吨，同比减少 481 万吨；欧盟产量 6900 万吨，同比减少 400 万吨；巴西产量 8071 万吨，同比减少 1713 万吨；南非受产区不利天气影响，产量明显下降，预计玉米产量 1251 万吨，同比下降 504 万吨；乌克兰产量达到 3557 万吨，同比增加 1090 万吨，创历史最好纪录。

预计 2018/2019 年度全球玉米消费量 11.4 亿吨，同比增加 2626 万吨，增幅 2.4%。预计欧盟消费量 8400 万吨，同比增加 630 万吨；美国玉米消费量 3.1 亿吨，同比增加 75 万吨；墨西哥消费量 4243 万吨，同比增加 47 万吨；巴西消费量 5921 万吨，同比增加 12 万吨。

预计 2018/2019 年度玉米贸易量 1.6 亿吨，同比增加 414 万吨，增幅 2.7%。进口增量主要集中在欧盟、伊朗、墨西哥和沙特阿拉伯等国家和地区。预计欧盟进口玉米 2050 万吨，同比增加 350 万吨。出口增量主要集中在乌克兰、阿根廷。乌克兰玉米产量刷新纪录，出口增加，预计达 2800 万吨，同比增加 1023 万吨；阿根廷出口 2650 万吨，同比增加 52 万吨。预计美国、巴西玉米出口下降，其中，美国出口玉米 6033 万吨，同比减少 161 万吨；巴西出口玉米 2500 万吨，同比减少 660 万吨。

预计 2018/2019 年度全球玉米期末库存 3.5 亿吨，同比减少 2068 万吨，减幅 5.7%。其中，

预计美国玉米期末库存 4662 万吨，同比减少 775 万吨；巴西玉米期末库存 1400 万吨，同比减少 300 万吨。

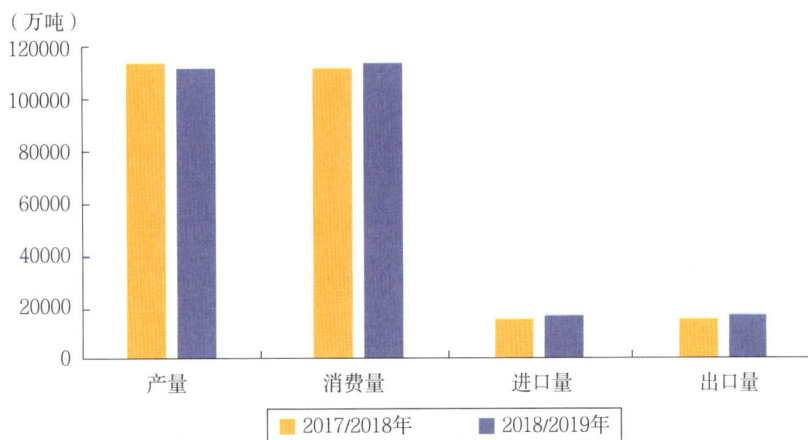

图 2　全球玉米供求及贸易情况

2018 年国际市场玉米价格总体呈上涨走势，大体分为两个阶段：其中，1~5 月价格上涨，6~12 月价格震荡走低。12 月 31 日，芝加可期货市场玉米主力合约收盘 374.2 美分／蒲式耳，同比上涨 6.6%。1~5 月价格上涨主要在于南美玉米产区天气较差，市场担心巴西二季玉米种植规模和产量前景不及预期；阿根廷高温干燥，致使玉米产量预测数据持续下调。同时，美国中西部地区降雨耽搁玉米播种，玉米出口情况较好，对价格形成了支撑。但 6 月后，美国玉米播种完成，天气良好，产量前景明朗，加之出口需求不振，抑制了玉米价格上涨。

（三）大米

联合国粮农组织预计，2018/2019 年度全球大米产量 5.2 亿吨，同比增加 683 万吨，增幅 1.3%，继 2017 年度后，再次刷新历史纪录。

产量增长主要由于播种面积增加。预计越南大米产量 2901 万吨，同比增加 122 万吨；印度大米产量 1.2 亿吨，同比增加 269 万吨；美国大米产量 712 万吨，同比增加 146 万吨；泰国大米产量 2124 万吨，同比减少 93 万吨。

预计 2018/2019 年度全球大米消费量 5.1 亿吨，同比增加 413 万吨，增幅 0.8%，亚洲和非洲大米消费量的增长形成主要支撑力量。其中，预计印度大米消费量首次超过 1 亿吨，同比增加 172 万吨。

预计 2018/2019 年度全球大米贸易量 4663 万吨，同比减少 123 万吨，减幅 2.6%。出口下降主要集中在泰国，预计出口 960 万吨，同比下降 177 万吨。预计越南和美国出口量增加，其中，越南大米出口 700 万吨，同比增加 66 万吨；美国大米出口 311 万吨，同比增加 35 万吨。

预计 2018/2019 年度全球大米期末库存 1.8 亿吨，同比增加 689 万吨，增幅 4.0%，创历史新高。2018 年印度大米丰收，结转库存增加，预计达 2560 万吨，同比增加 380 万吨。

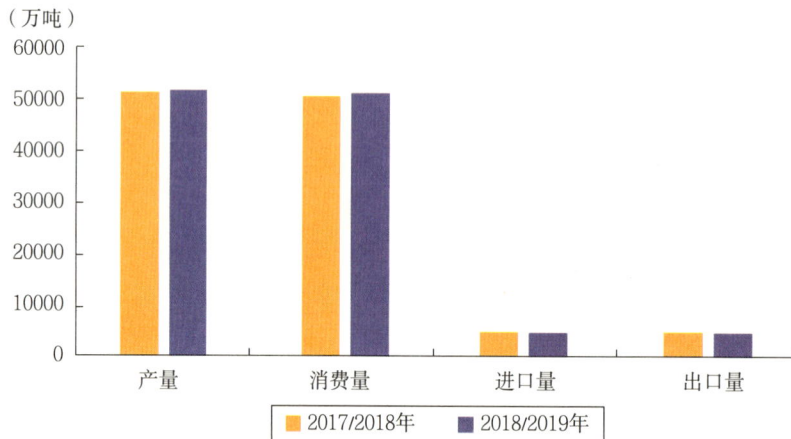

（万吨）

图 3　全球大米供求及贸易情况

2018 年国际市场大米价格先扬后抑，大体分为两个阶段：1~5 月小幅上涨，6~12 月小幅回落。2018 年末，泰国破碎率 5% 大米出口 FOB 报价 404 美元 / 吨，同比上涨 7 美元 / 吨；越南破碎率 5% 大米出口 FOB 报价 392 美元 / 吨，同比上涨 2 美元 / 吨。1~5 月季节性因素导致泰国和越南大米短期供应偏紧，同时印度尼西亚和菲律宾等国需求旺盛，但 6 月后，随着供应压力逐步减轻，需求低于预期，对价格形成抑制。2018 年泰国大米出口 1110 万吨，同比减少 5%；越南大米出口 610 万吨，同比增加 4%。

（四）大豆

联合国粮农组织预计，2018/2019 年度全球大豆产量 3.61 亿吨，同比增加 1887 万吨，增幅 5.5%。其中，美国大豆产量 1.2 亿吨，同比增加 359 万吨；巴西大豆产量 1.1 亿吨，同比减少 498 万吨；阿根廷大豆产量则在上年度减产的基础上显著恢复，预计产量达 5400 万吨，同比增加 1390 万吨。

预计 2018/2019 年度全球大豆消费量 3.53 亿吨，同比增加 361 万吨，增幅 1.0%。其中，预计美国大豆消费量 6060 万吨，同比增加 160 万吨；巴西大豆消费量 4571 万吨，同比减少 83 万吨；受产量增长影响，阿根廷大豆压榨量显著增加，预计消费量 4820 万吨，同比增加 1191 万吨。

预计 2018/2019 年度全球大豆贸易量 1.5 亿吨，同比下降 294 万吨，降幅 1.9%。贸易量减少的主要原因：一是受非洲猪瘟疫情影响，我国豆粕需求减少；二是全球大豆供应充足，价格疲软，需求方观望心态较重。其中，预计美国大豆出口 5103 万吨，同比减少 692 万吨；受产量下降、期初结转库存处于历史低位、出口竞争激烈等因素影响，巴西大豆出口减少，预计出口 6880 万吨，同比减少 1481 万吨；阿根廷大豆出口 850 万吨，同比增加 600 万吨；

俄罗斯大豆出口 144 万吨，同比增加 74 万吨。

预计 2018/2019 年度全球大豆期末库存 5189 万吨，同比增加 1090 万吨，增幅 26.6%。美国库存增长最多，预计达到 2449 万吨，同比增加 1257 万吨。

2018 年国际市场大豆价格总体呈下降走势。12 月 31 日，芝加哥期货市场大豆主力合约收盘 883.5 美分 / 蒲式耳，同比下降 8.2%。全球大豆供应呈现供大于需格局，美国大豆库存大幅增加，我国发生非洲猪瘟疫情等，均对大豆市场需求带来影响，进口量下降。上述因素是抑制大豆价格上涨的主要因素。

三　联合国粮农组织（FAO）2019 年全球粮食形势展望

联合国粮农组织（Food and Agriculture Organization，FAO）于 2019 年 6 月发布了最新全球粮食展望报告。

报告预计，2019 年全球谷物产量将达历史新高 27.22 亿吨，同比增加 7100 万吨（2.7%）。主要原因是小麦、玉米、大麦分别同比增产 5%、2.3%、5.4%。全球稻米产量预计与 2018 年的历史最高持平。

全球谷物 2019/2020 年度消费量预计将达到 27.22 亿吨，比 2018/2019 年度上升 1.5%。粗粮消费量的增加最为显著，将比 2018/2019 年度上升 1.7%，主要由于动物饲料和工业原料的强劲需求。由于人口增长，全球谷物食用消费量预计增长 1.1%。

2019/2020 年度全球谷物期末库存预计为 8.47 亿吨，下降 0.7%，达到自 2016/2017 年度以来的最低值。主要由于粗粮和稻谷库存的下降。小麦库存有望上升。

2019/2020 年度全球谷物贸易量预计仅增长 0.5%（200 万吨），达到 4.13 亿吨，仍比 2017/2018 年度的高位低了 1.9%（800 万吨）。主要原因是玉米贸易量的下降。其他谷物，尤其是小麦和稻米的贸易前景乐观。

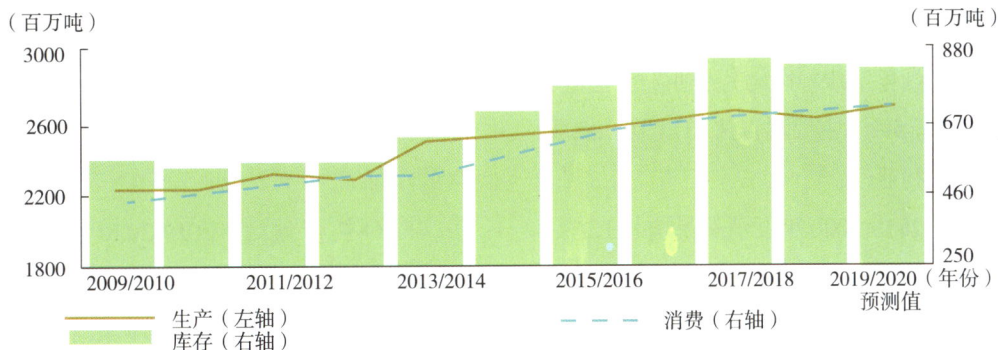

图 4　全球谷物生产、消费与库存情况

表 1　全球谷物供需概况

	2017/2018 年度	2018/2019 年度估计值	2019/2020 年度预测值	2019/2020 年度较2018/2019 年度变化
	百万吨			%
全球情况				
生产	2703.0	2651.5	2722.2	2.7
贸易	421.4	411.1	413.2	0.5
总消费	2657.3	2681.5	2722.4	1.5
食用	1127.3	1142.2	1154.9	1.1
饲用	949.5	954.5	971.5	1.8
其他用途	580.4	584.8	595.9	1.9
期末库存	873.7	852.9	847.2	−0.7
供需指标				
人均食用消费：				
全球（公斤／年）	149.3	149.6	149.7	0.1
低收入缺粮国家（公斤／年）	149.5	150.5	150.3	−0.1
全球库存消费比（%）	32.6	31.3	30.1	
主要出口国库存消耗比（%）	18.0	17.6	18.0	
FAO 谷物价格指数（2002 年 FAO 谷物价格指数 −2004 年 FAO 谷物价格指数 =100）	2017 年	2018 年	2019 年1~4 月	2019 年 1~4 月较 2018 年 1~4 月变化（%）
	152	165	166	1.6

（一）小麦

全球小麦产量 2019 年预计达到 7.67 亿吨，比 2018 年提高 5%。主要增产来自欧盟、俄罗斯联邦和澳大利亚。

全球小麦 2019/2020 年度消费量增长 1.3%，达到 7.57 亿吨。小麦的食用消费量随人口增长而增加，预计达到 5.19 亿吨。饲用消费量预计上升 1.5%，达到 1.44 亿吨。

根据 FAO 的初步预测，截至 2020 年期末，全球小麦库存将增加 3.7%，达到 2.78 亿吨。主要原因是中国及其他几个主要小麦出口国库存的增加。

FAO 初步预测，2019/2020 年度全球小麦（含面粉折算小麦）贸易量将同比增加 1.6%，达到 1.735 亿吨。亚洲和北非几个国家进口量增加是其主要原因。

2019/2020 年度全球小麦供应前景宽松预计给小麦价格带来下行压力，但最终价格走势还要取决于未来几个月的收获情况。

表 2　全球小麦供需概况

	2017/2018 年度	2018/2019 年度估计值	2019/2020 年度预测值	2019/2020 年度较 2018/2019 年度变化
	百万吨			%
全球情况				
生产	759.9	760.1	743.2	−2.2
贸易	176.7	174.0	171.0	−1.7
总消费	738.9	731.3	728.3	−0.4
食用	508.9	496.8	501.0	0.8
饲用	136.1	136.0	133.7	−1.7
其他用途	94.0	98.4	93.7	−4.9
期末库存	282.3	247.5	257.4	4.0
供需指标				
人均食用消费：				
全球（公斤/年）	67.4	66.8	66.7	0.0
低收入缺粮国家（公斤/年）	49.0	52.9	52.6	−0.2
全球库存消费比（%）	37.8	34.0	34.2	
主要出口国库存消耗比（%）	20.9	20.1	18.5	
FAO 谷物价格指数（2002 年 FAO 谷物价格指数 −2004 年 FAO 谷物价格指数 =100）	2017 年	2018 年	2019 年 1~4 月	2019 年 1~4 月较 2018 年 1~4 月变化（%）
	133	148	149	5.5

1. 小麦生产

FAO 预测 2019 年全球小麦产量将达到 7.67 亿吨，增长近 3700 万吨（5%）。如预测实现，将为历史最高产量。主要增长来自欧盟地区、俄罗斯和澳大利亚。

欧盟地区小麦产量预计增长 8.7%，达到 1.495 亿吨。除天气条件较好外，增产原因主要是小麦种植利润上升使种植面积扩大了 2%。

俄罗斯小麦产量有望达到 8200 吨，同比增长约 14%。乌克兰产量预计上升 7.7%，达到 2650 万吨。

在北美，美国小麦的种植面积有可能降至历史最低，原因是冬季种植期的气候潮湿，以及春小麦的利润前景相对较低。2019 年美国小麦产量预计为 5100 万吨，维持在 2018 年水平。加拿大春季小麦播种面积增加预计带来 4.2% 的增产，达到 3300 万吨。

亚洲已进入本年度小麦收获期，产量有望小幅增长。中国小麦产量在 2019 年预计达到历史平均水平的 1.32 亿吨。印度小麦产量预计约为 9960 万吨，与去年的历史记录相当。巴基斯坦小麦产量比 2018 年度略有增长，达到 2620 万吨。

在近东地区，优良的气候条件助力土耳其小麦产量实现 5% 的增长，达到 2100 万吨。2019 年 3 月和 4 月遭遇了洪水的伊拉克和伊朗由于在随后的几个月内将迎来利好天气，小麦产量前景乐观。

在北非地区，埃及小麦增产在望，但是阿尔及尔和摩洛哥的小麦产量预计保持在历史平均水平。

澳大利亚 2019 年小麦播种正在进行。2018 年东部天气干燥极大地影响了小麦收成。2019 年度气候条件良好，加之种植面积有望扩大，预计澳大利亚小麦产量将达到 2400 万吨，比 2018 年度提高约 38%。

在拉丁美洲和加勒比海地区，阿根廷小麦种植从 5 月开始。之前小麦价格上扬预计带来种植面积的增加。2019 年阿根廷小麦产量预计第二年连续保持在近五年的平均水平。由于

种植面积同比增加了 13%，墨西哥小麦预计增产。

2. 小麦消费

根据 FAO 今年的首次预测，2019/2020 年度全球小麦消费可能达到 7.57 亿吨，比上年度增长 1.3%。原因是全球（尤其是一些重要的小麦进口国）人口增速放缓、更为便宜的替代品种供应充足使小麦饲用消费量增速放缓，以及工业消费需求下降。小麦食用消费占总消费量的 80%，为 5.19 亿吨，比上年度增加 1%。

饲用消费预计达到 1.44 亿吨，同比增长 1.5%。主要增长来自中国、欧盟（全球小麦饲用消费最大市场），以及俄罗斯。小麦其他消费包括工业消费、种用消费和产后损失，预计在 2019/2020 年度将达到 9400 万吨，同比增长 2%。种用消费和产后损失占小麦其他消费的主要部分。小麦工业消费增长缓慢，主要原因是生物燃料行业的需求疲软。淀粉制造仍是小麦工业消费的主要领域，尤其在欧盟、中国和加拿大。

3. 小麦库存

根据 FAO 的初步预测，全球小麦 2020 年期末库存将达到 2.78 亿吨，比期初库存高 1000 万吨（3.7%），略低于 2017/2018 年度的历史最高（2.82 亿吨）。主要的库存增长来自中国，预计将达到 1.29 亿吨，增长 7%。

根据目前的预测，2019/2020 年度全球小麦库存—消费比将达到 36.2%。主要出口国库存—消耗（国内消费加上出口）比，这一更能准确反映国际市场供应情况的指标，在 2019/2020 年度预计上升到 18.7，上年度为

17.6。主要原因是包括俄罗斯、澳大利亚、加拿大、欧盟等出口国小麦库存增加。

4. 小麦贸易

FAO 初步预测 2019/2020 年（7 月 /6 月）全球小麦贸易量（含面粉折算小麦）将达到 1.735 亿吨，增长 280 万吨（1.6%），低于 2017/2018 年度历史最高纪录 1.77 亿吨。主要增长来自亚洲和北非几个主要进口国采购量的增加。

在亚洲，2019/2020 年度小麦进口总量预计达到 8600 万吨，预计比当前市场周期结束时的成交量高出 1.3%。包括中国、印度尼西亚、韩国、菲律宾、泰国等几个亚洲国家采购量的增加预计将抵消伊朗、土耳其、沙特阿拉伯、中亚独立联合体国家等采购量下降的影响。

在非洲，2019/2020 年度小麦进口量预计达到历史最高的 4930 万吨，比当前市场周期交易量高出 5.2%。主要的增长来自阿尔及尔和摩洛哥。世界最大的小麦进口国埃及在 2019/2020 年度进口量预计小幅增长，达到 1260 万吨。其他非洲主要进口国的采购量预计与 2018/2019 年度持平。

在欧洲，2019/2020 年度小麦进口总量预计约 850 万吨，基本与上年度持平。欧盟进口量基本仍维持在 600 万吨。在拉丁美洲和加勒比海地区，2019/2020 年度总进口量预计为 2500 万吨，与上年度持平。该地区最大的小麦进口国巴西 2019 年 3 月与美国签订了一项小麦关税配额协定。巴西将每年从美国进口 75 万吨免关税小麦。而由于贸易摩擦，美国小麦的传统进口国墨西哥则从 2018 年起减少了美国小麦的进口。墨西哥转而寻求其他的进口来源，如毗邻的拉丁美洲国家，以及俄罗斯和乌克兰。

2019/2020 年度全球小麦出口供应将更加宽松，主要出口国都增产在望。俄联邦将连续第三个市场周期成为全球最大小麦出口国，出口量预计约 3500 万吨。美国预计以 2700 万吨的出口量蝉联世界第二大小麦出口国。欧盟本年度小麦增产将提升其出口约 7 个百分点，达到 2350 万吨。若目前对澳大利亚小麦生产情况的预测实现，澳大利亚小麦出口将达 1400 万吨，比 2018/2019 年度的低点高出 32%。而在加拿大，杜伦麦的主要市场——意大利由于新的意大利面原材料产地标注规定的实施，进口受到影响。因此，加拿大小麦尽管增产在即，出口仍有可能下降 4%，达到 2300 万吨。

5. 小麦价格

2019 年初，由于阿根廷和澳大利亚遭遇不利天气、美国冬小麦种植面积历史新低，以及对俄罗斯小麦出口供应收缩的担忧，全球小麦价格一路上升到自 2018 年 10 月以来的最高点。但到 2019 年 3 月，俄罗斯小麦出口持续增加，以及 2019 年小麦收获前景乐观等因素，小麦价格开始走低。基准美国 2 号硬红麦海湾离岸价 4 月达到平均 213 美元 / 吨，比 2019 年年初和 2018 年同期水平低 10 个百分点。

（二）粗粮

根据 FAO2019 年的首次预估，2019/2020 年度全球粗粮供应仍将保持宽松。2019 年全球粗粮产量预计达到 14.38 亿吨，同比增长

2.4%。主要增产来自玉米，其次来自大麦。由于玉米和高粱进口需求前景下调，全球粗粮贸易 2019/2020 年度可能下降 1.4%，至 1.91 亿吨。由于亚洲和北美的粗粮饲用消费快速增长，全球粗粮消费预计达到 14.47 亿吨，同比增长1.7%。全球粗粮库存预计下降 3.4%，至 3.905

亿吨。主要原因是预计中国和美国粗粮库存将出现下降。全球粗粮库存—消费比和主要出口国库存—消耗（国内消费加出口）比的预期也相应下调，或将在 2019/2020 年度推升全球粗粮价格。

表 3　全球粗粮供需概况

	2017/2018 年度	2018/2019 年度估计值	2019/2020 年度预测值	2019/2020 年度较2018/2019 年度变化
	百万吨			%
全球情况				
生产	1433.2	1404.4	1438.3	2.4
贸易	196.4	193.6	190.8	−1.4
总消费	1411.1	1422.9	1447.0	1.7
食用	211.7	216.2	216.9	0.3
饲用	796.1	796.8	812.1	1.9
其他用途	403.3	409.8	418.0	2.0
期末库存	417.4	404.2	390.5	−3.4
供需指标				
人均食用消费：	28.0	28.3	28.1	−0.7
全球（公斤 / 年）	36.4	37.2	36.4	−2.2
低收入缺粮国家（公斤 / 年）	29.3	27.9	25.7	
全球库存消费比（%）	15.0	14.6	14.2	
主要出口国库存消耗比（%）				
FAO 谷物价格指数（2002 年 FAO 谷物价格指数 -2004 年 FAO 谷物价格指数 =100）	2017 年	2018 年	2019 年 1~4 月	2019 年 1~4 月较 2018 年 1~4 月变化（%）
	146	156	157	−0.3

1. 粗粮生产

FAO 对 2019 年全球粗粮产量的首次预测为 14.38 亿吨，比 2018 年提高 2.4%（3400 万吨）。玉米增产为主要原因，大麦增产希望也较大。

2019 年全球玉米产量预计达到 11.4 亿吨，同比增长 2.3%（2520 万吨）。主要增长来自拉丁美洲和加勒比海地区。由于价格上升使种植面积扩大，阿根廷和巴西这两大玉米生产国的产量预计也将分别提高 14.4% 和 16.5%；分别达到 4970 万吨和 9400 万吨。除此之外，2019 年的天气条件较好，特别是和 2018 年相比，雨水较为充沛。这使单产提高大有希望。

在北美，全球最大的玉米生产国美国预计将在 2019 年收获 3.75 亿吨玉米，同比提高 2.4%。由于种植面积扩大、单产小幅提高，加拿大玉米产量也将出现约 6% 的提升，达到 1470 万吨。

在欧洲，2019 年欧盟玉米产量预计达到 6850 万吨，基本与上年持平。俄罗斯玉米产量预计达到 1650 万吨，同比增长 18%。原因是种植面积扩大了 15%。乌克兰则将遭遇减产，预计 2019 年产量为 2900 万吨，同比下降 19%。去年乌克兰玉米单产创历史新高，2019 年下降到历史平均水平。

在非洲，由于预测南非将出现连续第二年减产，2019 年非洲玉米产量可能出现下降。南非是非洲最大的玉米生产国。预计 2019 年玉米产量达到 1100 万吨，下降 12%。主要原因是天气干燥和种植面积下降。

在亚洲，早期预测显示中国 2019 年的玉米产量将达到 2.6 亿吨。亚洲的另外两个主要玉米生产国：印度和印度尼西亚，2019 年玉米产量预计均出现小幅上升。

2019 年全球大麦产量预计达到 1.47 亿吨，同比上升 5.4%（750 万吨）。主要的增产来自欧盟。由于价格高企使种植面积扩大了 14%，加拿大 2019 年预计也将迎来玉米大幅增产。俄罗斯的利好天气也是增产的前兆。

2019 年全球高粱产量预计达到 5900 万吨，基本与全年持平。澳大利亚、美国预计减产，抵消尼日利亚和马里等西非国家高粱增产的影响。

2. 粗粮消费

2019/2020 年度全球粗粮消费预计达到 14.47 亿吨，同比增长 1.7%，创历史新高。饲料消费的增长，尤其是亚洲和北美的粗粮饲用消费增长是主要原因。全球玉米消费 2019/2020 年度预计达到 11.54 亿吨，同比增长 1.7%；大麦消费预计约为 1.43 亿吨，同比增长 3.6%；高粱消费预计小幅增长至 5900 万吨。

2019/2020 年度全球粗粮饲用消费预计增长 1.9%，达到 8.12 亿吨。仅玉米饲用消费就将同比上升 1.5%，达到 6.56 亿吨。主要原因是美国玉米饲用消费需求预计上升 3%，达到 1.38 亿吨。中国对玉米饲用消费的需求预计也将达到 1.67 亿吨。欧盟粗粮饲用消费的增长主要来自大麦消费。2019/2020 年度欧盟大麦饲用消费量预计达到 3800 万吨，同比增长约 9%。

2019/2020 年度全球粗粮食用消费预计保

持在 2.17 亿吨的水平上下。非洲、拉丁美洲食用消费量上升，大致抵消亚洲玉米食用消费量的下降。根据目前的预测，全球粗粮食用消费将占粗粮总消费的 15%。其中玉米食用消费占全部粗粮食用消费的比重最大。2019/2020 年度，全球玉米食用消费预计达到 1.4 亿吨，同比增长 1%。

2019/2020 年度玉米粗粮工业消费预计将继续增长，超过 2018/2019 年度的 3.5 亿吨。主要的增长来自中国的玉米淀粉制造业和美国的玉米生物燃料制造业。后者预计 2019/2020 年度消耗玉米 1.4 亿吨。

3. 粗粮库存

FAO 预计 2019/2020 年度全球粗粮期末库存将下降至 4 年来的新低 3.9 亿吨，比期初库存低 1400 万吨（3.4%）。全球粗粮库存—消费比预计为 25.7 左右，同比下降 2%，自 2013/2014 年度以来的最低值。主要出口国期末库存与消耗（国内消费加出口）比预计从 2018/2019 年度的 14.6% 下降到 2019/2020 年度的 14.2%。

全球粗粮库存的下降的主要原因是玉米库存的下降。2019/2020 年度全球玉米期末库存预计下降至 3.32 亿吨，与期初库存相比，降幅为 1900 万吨（5.3%）。主要原因是中国玉米库存大幅削减。根据 FAO 预测，中国玉米 2019/2020 年度期末库存预计为 1.85 亿吨，同比下降 6%（1200 万吨）。2019/2020 年度美国玉米库存也将下降。

2019/2020 年度全球高粱库存预计达到 940 万吨，上升 4.8%。主要的库存上升来自澳大利亚和美国。2019/2020 年度全球大麦库存预计上升 10%，达到 3000 万吨。这将是十年来最高的大麦库存。

4. 粗粮贸易

FAO 对 2019/2020 年度（7 月 /6 月）全球粗粮贸易量的首次预测为 1.91 亿吨，同比下降 1.4%。玉米、大麦和高粱在 2019/2020 年度将出现贸易量下降的趋势。

2019/2020 年度（7 月 /6 月）全球玉米贸易量预计达到 1.575 亿吨，同比下降 2.5%。主要原因是预计欧盟进口减量将抵消几个国家进口的增量。2018/2019 年度欧盟的玉米进口量创历史纪录，而 2019/2020 年度将至少减少 400 万吨（19%），达到 1700 万吨。主要原因是当前交易周期结束后结转库存将维持在较高水平，确保了国内消费供应。

2019/2020 年度亚洲玉米进口总量将保持连续三个交易周期的增长，在 2019/2020 年度达到历史最高的 7700 万吨。非洲玉米进口总量预计达到 2300 万吨，高于 2018/2019 年度，接近 2016/2017 年度的历史最高纪录。玉米进口同比增长幅度最大的是南非，玉米是其主要口粮。

在拉丁美洲和加勒比海地区，墨西哥作为全球最大的玉米进口国，2019/2020 年度玉米进口量预计达到 1740 万吨，比上年度增加 40 万吨。

有关玉米出口的早期指标显示阿根廷、巴西、俄罗斯的玉米出口将大幅增长，但是乌克兰、美国和南非的出口预计大幅减少，抵消前者的增幅。2019/2020 年度，玉米出口同比降幅最大的是乌克兰，预计为 2100 万吨，比 2018/2019 年度 2800 万吨的历史最高纪录下降

25%。美国的玉米出口量将下降7%，预计为5800万吨。

2019/2020年度全球大麦（不含麦芽）贸易量预计达到2570万吨，接近上一年度。世界最大的大麦进口国沙特阿拉伯预计进口800万吨大麦，比上年度的低位提高23%。由于国内减产，摩洛哥2019/2020年度预计进口80万吨大麦，同比增长95%。2019/2020年度全球大麦出口增量主要来自欧盟、乌克兰、澳大利亚和俄罗斯，或将抵消阿根廷和加拿大可能出现的出口减少。

FAO预计2019/2020年度全球高粱贸易继续下滑至400万吨，同比下降11%。主要原因是欧盟由于国内饲料供应量增加，大幅减少了高粱进口。

5. 粗粮价格

尽管2018年全球粗粮产量下降，加之2018/2019年度供求关系略紧张，全球主要粗粮的价格仍然维持了下行趋势。出口供应充足，出口市场竞争激烈而进口需求萎缩使2018年6月至11月间价格进一步下滑。2018年末到2019年2月，由于南非气候条件差，以及美国玉米出货受不利天气影响，玉米价格曾一度短暂回升，后又继续下降。2019年4月，基准美国2号黄玉米的离岸价为161美元/吨，比2018年4月下降了8%。全球大麦和高粱价格也低于去年同期。

由于2019/2020年度出口供应持续宽松，加

之南非玉米供应充足、玉米国际贸易放缓，玉米期货市场价格面临下行压力。2019年4月，2018年12月交易的芝加哥交易所玉米期货价格平均为152美元/吨，比2017年年同期下降7%。

（三）稻米

FAO对2019年度全球稻米产量的初步预测为5.168亿吨（以碾米计），几乎与2018年的历史最高持平。厄尔尼诺现象造成目前气候条件的不确定性增大，加之中国2019年稻米减产的可能性较大，在亚洲稻米增产的速度将有所下降。除欧洲外，全球其他地区稻米产粮也将小幅下降。主要原因是种植利润减少和不利气候影响。

2019年度全球稻米贸易量预计下降3.1%，达到4680万吨。孟加拉国、印度尼西亚、中国、尼泊尔、斯里兰卡和其他几个西非国家的稻米进口需求减弱。

基于增产乏力和食用消费增加的预测，2019/2020年度全球稻米库存预计比初期库存低1%，达到1.787亿吨。

粳米和香米价格小幅回升使国际稻米平均价格自2018年11月以来上升3.5%。2019年4月，FAO稻米价格指数平均为222.2，低于年初水平，反映了国际市场对籼米的需求疲软。

表 4　全球稻米供需概况

	2017/2018 年度	2018/2019 年度估计值	2019/2020 年度预测值	2019/2020 年度较2018/2019 年度变化
	百万吨（以碾米计）			%
全球情况				
生产	509.9	516.9	516.8	0.0
贸易	48.3	46.8	48.9	4.5
总消费	507.3	511.2	518.5	1.4
食用	406.8	411.7	418.7	1.7
期末库存	174.0	180.6	178.7	−1.0
供需指标				
人均食用消费：				
全球（公斤 / 年）	53.9	53.9	54.3	0.6
低收入缺粮国家（公斤 / 年）	57.4	57.6	58.1	0.9
全球库存消费比（%）	34.0	34.8	34.0	
主要出口国库存消耗比（%）	18.0	20.7	21.1	
FAO 谷物价格指数（2002 年 FAO 谷物价格指数 −2004 年 FAO 谷物价格指数 =100）	2017 年	2018 年	2019 年1~4 月	2019 年 1~4 月较 2018 年 1~4 月变化（%）
	206	224	222	−2.2

1. 稻米生产

FAO 预测，2019/2020 年度全球稻米产量为 5.168 亿吨（以碾米计），基本与上年度的历史记录持平。

2019 年亚洲稻米总产量有望上升。主要增长来自印度。价格利好加上政府采购量大，有可能进一步刺激扩大印度稻米种植面积。孟加拉国、印度尼西亚、斯里兰卡和泰国 2019 年的稻米产量预计也将增长。2019 年，中国稻米产量将出现连续第二年下降，部分农民改种利润更高的作物，如大豆。

2019/2020 年度拉丁美洲和加勒比海地区稻米总产量预计达到 1740 万吨，同比下降 7%，也低于过去 5 年平均水平。主要原因是该地区最大的稻米生产国巴西种植面积下降，部分稻农改种更为有利可图的作物。

2019/2020 年度非洲稻米总产量预计为 2060 万吨，同比下降 6%。尼日利亚和马里的稻米产量预计回归正常水平，埃及的稻米产量预计由于干旱而减产。

2019年美国稻米产量预计下降2.5%，达到690万吨。由于缺乏灌溉，2019年澳大利亚稻米产量预计下降84%，约为690万吨。欧盟稻米产量有望小幅上升至170万吨，同比上升0.5%。主要原因是价格驱动意大利稻米种植面积上升，以及葡萄牙较好的天气条件。

2. 稻米消费

2019/2020年度全球稻米消费预计达到历史最高的5.185亿吨（以碾米计），比2018/2019年度增加720万吨（1.4%）。主要原因是稻米食用消费预计增长1.7%，达到4.187亿吨。全球人均稻米食用消费量将从上一年度的53.9公斤提高到54.3公斤。2019/2020年度亚洲人均稻米食用消费量预计为78公斤，非洲预计为26.8公斤。全球稻米饲用消费预计下降2.6%，为1590万吨。种用消费、产后损失和工业消费预计共8390万吨。

3. 稻米库存

基于对全球稻米增产乏力和消费持续增长的初步预测，FAO预计全球稻米2019/2020年度期末库存为1.787亿吨（以碾米计），比上一年度的历史最高纪录低1%。全球稻米库存—消费比预计为34%，比上年度低0.8%。全球稻米结转库存的降幅主要来自中国。FAO预测2019/2020年度中国稻米库存将下降至1.04亿吨。如果预测实现，这将是中国自2007/2008年度以来首次出现稻米库存下降。

除中国外，其他地区和国家的稻米结转库存都呈现出上升趋势。全球五大稻米主要出口国中，印度稻米库存的增加最为显著。破纪录的产量加上大量的政府上年度转入库存，印度2019/2020年度稻米库存预计达到2760万吨，

增长7.2%。出口减少使泰国稻米库存预计达到560万吨，同比增长3.7%。稻米主要出口国库存—消耗（国内消费加出口）比预计达到5年来的最高点21.1%。

4. 稻米贸易

2019年全球稻米贸易量预计达到4680万吨，比2018年的历史最高纪录下降150万吨。主要原因是远东地区需求预计同比下降18.2%，至1320万吨。孟加拉国和印度尼西亚本国库存充裕，成为进口下降的最主要原因。同时，中国、尼泊尔和斯里兰卡的稻米进口也将下降，抵消韩国、马来西亚、新加坡和菲律宾进口增长的影响。菲律宾2019年预计进口创历史最高纪录的250万吨稻米，同比增长6%，将代替尼日利亚成为世界第二大稻米进口国。

阿富汗、伊朗、伊拉克、沙特阿拉伯的强劲需求将带动亚洲近东地区的稻米进口上升7.9%，达到740万吨的历史新高。非洲2019年稻米总进口预计达到1730万吨，同比增长3.5%。预计进口45万吨稻米的埃及曾经是一个传统的稻米出口国。如今面临水资源匮乏，有可能渐渐成为稻米净进口国。

2019年拉丁美洲和加勒比海地区稻米进口量预计达到440万吨，上升3.4%。84万吨的进口量来自巴西，同比增长46%。美国和欧盟对香米品种的需求保持强劲。

需求的疲软给出口带来了消极影响。受影响最大的是泰国，加之香米产量连续第二年下降，2019年泰国稻米出口预计达到920万吨，下降1.9%。澳大利亚、巴西和乌拉圭也将因为歉收影响出口。凭借在蒸谷米和香米市场的竞争力，印度2019年稻米出口预计达到1210

万吨，增长 2.3%。2019 年越南稻米出口的前景乐观。原因是其稻米价格具有竞争力，未来还将扩大粳米和香米出口市场。与此同时，加入 CPTPP（全面与进步跨太平洋伙伴关系协定）和可能将与欧盟签署的贸易协定将为其带来更大的市场。预计 2019 年越南稻米出口达到 710 万吨，同比增长 3.1%。

根据初步预测，2020 年全球稻米贸易量将达到 4890 万吨。这一数字比目前对 2019 年稻米贸易量的预测值高出 4.5%，或将创下历史新高。菲律宾的稻米进口将持续增长，而非洲进口增长则是提升贸易量的最主要原因。出口方面，主要的增长预计来自印度。中国、缅甸和越南的稻米出口在 2020 年也将有所增长。

5. 稻米价格

自 2018 年 11 月跌至 14 个月以来的最低价后，全球稻米价格维持了上行趋势。4 月平均 FAO 稻米价格指数（2002 年稻米价格指数 −2004 年稻米价格指数 =100）为 222.2，比 2018 年 11 月高 3.5%。价格上扬的主要原因是澳大利亚由于干旱歉收、埃及正在从稻米出口国转变为净进口国，使亚洲的稻米进口国在几次采购招标中提升了中 / 长粒米的报价。

（四）油料油脂

据 FAO 预测，2018/2019 年度全球油籽生产有望持续增长，大豆对增长贡献较大。尽管大豆增产带动豆粕产量增长，受非洲猪瘟及中美贸易摩擦影响，预计全球豆粕需求将不会增长，豆粕贸易将会收缩，而大豆 / 豆粕库存将大幅上涨。受粗类库存高企影响，全球饼粕价格呈下行趋势。

油脂方面，受东南亚棕榈油增长放缓影响，全球油脂产量增长面临压力，与之相反，受价格因素和生物柴油行业发展影响，消费增长较去年同期有望加速。尽管如此，预计全球生产将会大于需求，国际油脂价格将保持多年来的低位。

据预测，2019/2020 年度，全球油籽产量大概率低于本年度水平。若延续目前消费态势，全球对植物油和油粕的需求可能会超过生产量，从而引起库存释放和库存回落。

总体来看，鉴于当前库存充足，不考虑极端天气、重大政策转变等因素，2019/2020 年度油籽及其衍生品市场供需将保持平衡。

1. 油料油脂生产

FAO 预测，2018/2019 年度全球油籽产量预计达到 6.1 亿吨，较上一年度增长 2.9% 并创下历史纪录。预计大豆产量将较上年同期显著增长，葵花籽产量也有小幅增长，而油菜籽、花生和棉籽的产量预计将有所下降。

分品种来看，全球大豆产量预计为 3.64 亿吨，从上季度下降中完全复苏，创下历史新高。除加拿大外，北半球主要大豆生产国都有增产，美国将以创纪录的 1.237 亿吨产量稳居全球第一大豆生产国的位置。巴西的大豆产量虽较上年度下降 6%，产量仍保持在 1.15 亿吨，居全球第二。受益于播种面积、适宜气候或单产提高，中国、印度、乌克兰、阿根廷的大豆产量也将有所增加。

表5　全球油料供需概况

	2016/2017 年度	2017/2018 年度估计值	2018/2019 年度预测值	2018/2019 年度较2017/2018 年度变化
		百万吨		%
油料合计				
产量	585.1	592.3	609.8	2.9
油脂				
产量	226.1	233.9	239.6	2.4
供给	261.0	270.4	277.7	2.7
消费	221.7	229.0	238.6	4.2
贸易	124.0	124.7	128.5	3.0
全球库存消费比（%）	16.5	16.7	16.4	
主要出口国库存消耗比（%）	10.8	11.7	13.4	
饼粕				
生产	152.0	152.5	158.2	3.8
供给	179.7	183.1	185.5	1.4
消费	145.6	153.7	154.0	0.2
贸易	95.9	97.9	98.3	0.4
全球库存消费比（%）	21.0	17.8	19.9	
主要出口国库存消耗比（%）	14.1	11.1	14.4	
FAO 谷物价格指数（2002 年 FAO 谷物价格指数 -2004 年 FAO 谷物价格指数 =100）	2017 年	2018 年	2019 年 1~4 月	2019 年 1~4 月较 2018 年 1~4 月变化（%）
油籽	152	150	143	−9.8
饼粕	159	184	157	−18.9
植物油	169	144	130	−17.6

全球油菜籽产量预计将达到 7300 万吨。受恶劣天气影响，全球三大主产国（区域）欧盟、加拿大、澳大利亚的产量显著下降，印度、俄罗斯、乌克兰、美国的增产无法拉动全球增长。由于调减种植面积，中国油菜籽产量也将有所下降。

全球葵花籽产量增长到 5350 万吨的历史

高位，主要得益于有利天气条件、种植面积扩大等因素。欧盟延续了上季度的高产量，乌克兰、俄罗斯和阿根廷的产量创新高。而中国、土耳其调减播种面积导致产量收缩。

全球花生产量预计为 4040 万吨，为三年来最低，连年下降主要由于印度、美国的减产。与此相反，中国花生产量创下新高，成为全球第一大花生生产国。

油脂方面，根据对油籽产量的前景判断，FAO 预测 2018/2019 年度全球油脂产量将实现 2.4% 以上的增长。按品种来看，大豆、棕榈、葵花籽油和棕榈仁油的增幅较大，可抵消油菜籽、花生和橄榄油减产带来的影响。全球油脂供给（包括 2017/2018 年度的结转库存）预计将同比增长近 3%。

饼粕方面，继上季度的基本停滞之后，预计 2018/2019 年度全球饼粕产量将增长 3.5%，达到创纪录的 3.69 亿吨（以产品重量表示）。其中豆粕增产幅度较大。尽管预计产量增加，但全球供给增幅仅为 1.4%，反映出 2018/2019 年度相对较低的期初库存，尤其是豆粕。

FAO 对 2019/2020 年度的油籽和油脂生产也做出了初步估计。在油籽价格普遍低迷的背景下，2019/2020 年度的总种植面积可能保持不变，在种植条件不变的情况下，下一季全球油籽产量将略有下降。根据这一预测，下年度饼粕产量将同比小幅下降，而油脂产量将保持基本不变。假设延续近期消费趋势，全球对植物油和饼粕的需求可能超过预期的产量，可能引发库存释放，特别是在油脂市场，同时库存消费比的下降可能会对国际价格提供一些支持。

2. 油料油脂消费

2018/2019 年度全球油脂消费预计增长 4%~4.5%。主要原因是棕榈油和大豆油消费的增长。棕榈油在整个油脂消费中的比重进一步提升。由于市场供应量有限，菜籽油的消费量有所下降。

亚洲发展中国家是全球油脂消费的增长的主要力量。印度尼西亚的油脂消费增长尤为明显，预计将占全球油脂消费增长的 1/3。巴西、美国的油脂消费也将大幅增长，欧盟将有所下降。除了人口增长、收入增长的因素外，2018/2019 年度生物燃料对油脂消费产生了重要影响。

在饼粕方面，在经历了三个年度连续增长 5% 后，2018/2019 年度虽然全球饼产量预计上涨，以及随之而来的价格下行，全球饼粕消费量预计将与上年度持平。主要原因是受非洲猪瘟影响中国生猪存栏量大幅下降。加之中美贸易摩擦导致中国饲料生产商开始采取措施，减少饲料配方中的蛋白含量，这将进一步降低饼粕需求。但除中国之外的其他国家，饼粕消费量都将有所上升，尤其是亚洲、欧洲和南美国家。

3. 油料油脂库存

FAO 预测 2018/2019 年度全球油脂期末库存（包括油脂库存加上油料库存中的油）将达到 3920 万吨，为 4 年来的最高位。大豆油库存预计攀升接近历史最高水平，棕榈油库存继续维持在历史最高位。2018/2019 年度全球油脂库存—消费比将维持现有水平，而主要出口国库存—消耗比预计出现大幅上升。

2018/2019 年度饼粕增产将推升期末库存。全球饼粕库存预计达到 7010 万吨，同比增长 12%，创历史新高。豆粕库存将增加，油菜籽库存预计小幅增加。基于以上预测，饼粕的全球库存—消费比和主要出口国库存—消耗比预计都将大幅上升，进一步压低饼粕价格。

4. 油料油脂贸易

2018/2019 年度全球油脂贸易量（包括

交易油料中所含的油）预计增长 3%，达到 1.29 亿吨。主要原因是棕榈油交易量达到历史新高，其市场占有率达到 40% 以上。尽管产量增加，全球大豆油交易量仍将维持在过去两年的平均水平。随着中国豆油进口量的下降，全球豆油交易量还将进一步下降。全球葵花籽油交易量将出现增长。由于产量下降，菜籽油交易量预计维持现状。由于中国对加拿大油菜籽出口的担忧有所上升，很有可能寻找其他的进口来源或者菜籽油的替代产品；而加拿大也可能寻求新的出口目的地，全球菜籽和菜籽油贸易格局或将出现调整。

进口国方面，价格优势刺激进口国加大了采购量，尤其是亚洲的进口国，除了全球最大的油脂进口国——中国。中国已经减少了大豆进口，预计油脂进口也将进一步减少。全球第二大油脂进口经济体——欧盟也将增加油脂进口，主要原因是来自生物燃料行业的需求。

出口国方面，印度尼西亚、阿根廷、马来西亚、乌克兰、俄罗斯的出口量预计增加，抵消巴西、美国等其他几个国家出口量下降的影响。

2018/2019 年度全球饼粕交易量（包括交易油料中所含的粕）的增长预计不足 1%，低于近几年的增长速度。主要原因是豆粕交易量预计减少。除豆粕外其他粕类的交易量都将上升，尤其是葵花籽粕。

进口方面，中国 2018/2019 年度预计进口饼粕 7500 万吨，同比大幅下降。据此预测，FAO 预计 2018/2019 年度全球饼粕进口量也将下降。除中国外，其他国家饼粕进口都将增加。价格优势是其主要原因。欧盟 2018/2019 年度饼粕进口量预计达到 4400 万吨，同比上升 4%。

出口方面，巴西和美国出口预计减少 400 万~500 万吨，主要原因是中国需求下降。阿根廷饼粕出口有望增加。根据中美贸易谈判的进展情况，FAO 对于全球油脂和饼粕交易量的预测或将做出调整。

5. 油料油脂价格

2018/2019 年度上半年，国际油籽及饼粕价格继续徘徊在历史低位。2019 年 4 月，FAO 油籽和植物油平均价格指数分别比上年同期低了 15% 和 17%。饼粕价格指数下降了 28%，达到 20 个月来的最低点。

价格下行主要原因来自大豆市场。油籽增产前景、进口需求疲软迹象，以及高企的库存将给大豆价格持续带来下行压力。但是，南半球的不利天气或将提振大豆价格。中美贸易摩擦持续升温对市场造成较大影响。与此同时，以大豆豆粕为主的全球饼粕价格持续下行。主要原因是中国由于非洲猪瘟，饼粕消费大幅减少。

随着大豆库存的积压，芝加哥交易所大豆期货价格持续处在低位，将对 2019/2020 年度油籽、油脂和饼粕市场产生关键影响。

四 粮食行业统计资料

1. 全国主要粮食及油料播种面积 (1978~2018 年)

单位：千公顷

年 份	粮食	稻谷	小麦	玉米	大豆	油料
1978	120587	34421	29183	19961	7144	6222
1979	119263	33873	29357	20133	7247	7051
1980	117234	33878	28844	20087	7226	7928
1981	114958	33295	28307	19425	8024	9134
1982	113462	33071	27955	18543	8419	9343
1983	114047	33136	29050	18824	7567	8390
1984	112884	33178	29576	18537	7286	8678
1985	108845	32070	29218	17694	7718	11800
1986	110933	32266	29616	19124	8295	11415
1987	111268	32193	28798	20212	8445	11181
1988	110123	31987	28785	19692	8120	10619
1989	112205	32700	29841	20353	8057	10504
1990	113466	33064	30753	21401	7560	10900
1991	112314	32590	30948	21574	7041	11530
1992	110560	32090	30496	21044	7221	11489
1993	110509	30355	30235	20694	9454	11142
1994	109544	30171	28981	21152	9222	12081
1995	110060	30744	28860	22776	8127	13102
1996	112548	31406	29611	24498	7471	12555
1997	112912	31765	30057	23775	8346	12381
1998	113787	31214	29774	25239	8500	12919
1999	113161	31283	28855	25904	7962	13906
2000	108463	29962	26653	23056	9307	15400
2001	106080	28812	24664	24282	9482	14631
2002	103891	28202	23908	24634	8720	14766
2003	99410	26508	21997	24068	9313	14990
2004	101606	28379	21626	25446	9589	14431
2005	104278	28847	22793	26358	9591	14318
2006	104958	28938	23613	28463	9304	11738
2007	105999	28973	23770	30024	8801	12344
2008	107545	29350	23715	30981	9225	13232
2009	110255	29793	24442	32948	9339	13445
2010	111695	30097	24459	34977	8700	13695
2011	112980	30338	24523	36767	8103	13471
2012	114368	30476	24576	39109	7405	13435
2013	115908	30710	24470	41299	7050	13438
2014	117455	30765	24472	42997	7098	13395
2015	118963	30784	24596	44968	6827	13314
2016	119230	30746	24694	44178	7599	13191
2017	117989	30747	24508	42399	8245	13223
2018	117038	30189	24266	42130	8413	12847

注：2007~2017 年粮食及油料数据根据 2016 年第三次农业普查情况做了相应衔接修订。

数据来源：国家统计局统计资料。

2. 全国主要粮食及油料产量(1978~2018 年)

单位:万吨

年　份	粮食	稻谷	小麦	玉米	大豆	油料
1978	30476.5	13693.0	5384.0	5594.5	756.5	521.8
1979	33211.5	14375.0	6273.0	6003.5	746.0	643.5
1980	32055.5	13990.5	5520.5	6260.0	794.0	769.1
1981	32502.0	14395.5	5964.0	5920.5	932.5	1020.5
1982	35450.0	16159.5	6847.0	6056.0	903.0	1181.7
1983	38727.5	16886.5	8139.0	6820.5	976.0	1055.0
1984	40730.5	17825.5	8781.5	7341.0	969.5	1191.0
1985	37910.8	16856.9	8580.5	6382.6	1050.0	1578.4
1986	39151.2	17222.4	9004.0	7085.6	1161.4	1473.8
1987	40297.7	17426.2	8590.2	7924.1	1246.5	1527.8
1988	39408.1	16910.7	8543.2	7735.1	1164.5	1320.3
1989	40754.9	18013.0	9080.7	7892.8	1022.7	1295.2
1990	44624.3	18933.1	9822.9	9681.9	1100.0	1613.2
1991	43529.3	18381.3	9595.3	9877.3	971.3	1638.3
1992	44265.8	18622.2	10158.7	9538.3	1030.4	1641.2
1993	45648.8	17751.4	10639.0	10270.4	1530.7	1803.9
1994	44510.1	17593.3	9929.7	9927.5	1599.9	1989.6
1995	46661.8	18522.6	10220.7	11198.6	1350.2	2250.3
1996	50453.5	19510.3	11056.9	12747.1	1322.4	2210.6
1997	49417.1	20073.5	12328.9	10430.9	1473.2	2157.4
1998	51229.5	19871.3	10972.6	13295.4	1515.2	2313.9
1999	50838.6	19848.7	11388.0	12808.6	1424.5	2601.2
2000	46217.5	18790.8	9963.6	10600.0	1540.9	2954.8
2001	45263.7	17758.0	9387.3	11408.8	1540.6	2864.9
2002	45705.8	17453.9	9029.0	12130.8	1650.5	2897.2
2003	43069.5	16065.6	8648.8	11583.0	1539.3	2811.0
2004	46946.9	17908.8	9195.2	13028.7	1740.1	3065.9
2005	48402.2	18058.8	9744.5	13936.5	1634.8	3077.1
2006	49804.2	18171.8	10846.6	15160.3	1508.2	2640.3
2007	50413.9	18638.1	10952.5	15512.3	1279.3	2787.0
2008	53434.3	19261.2	11293.2	17212.0	1570.9	3036.8
2009	53940.9	19619.7	11583.4	17325.9	1522.4	3139.4
2010	55911.3	19722.6	11614.1	19075.2	1541.0	3156.8
2011	58849.3	20288.3	11862.5	21131.6	1487.8	3212.5
2012	61222.6	20653.2	12254.0	22955.9	1343.6	3285.6
2013	63048.2	20628.6	12371.0	24845.3	1240.7	3287.4
2014	63964.8	20960.9	12832.1	24976.4	1268.6	3371.9
2015	66060.3	21214.2	13263.9	26499.2	1236.7	3390.5
2016	66043.5	21109.4	13327.1	26361.3	1359.5	3400.0
2017	66160.7	21267.6	13433.4	25907.1	1528.2	3475.2
2018	65789.2	21212.9	13144.0	25717.4	1596.7	3433.4

注:2007~2017 年粮食及油料数据根据 2016 年第三次农业普查情况做了相应衔接修订。

数据来源:国家统计局统计资料。

3. 全国主要粮食及油料单位面积产量 (1978~2018 年)

单位 : 公斤 / 公顷

年 份	粮食	稻谷	小麦	玉米	大豆	油料
1978	2527.3	3978.1	1844.9	2802.7	1059.0	838.6
1979	2784.7	4243.8	2136.8	2981.9	1029.4	912.7
1980	2734.3	4129.6	1913.9	3116.4	1098.8	970.0
1981	2827.3	4323.7	2106.9	3047.9	1162.2	1117.2
1982	3124.4	4886.3	2449.3	3265.9	1072.6	1264.8
1983	3395.7	5096.1	2801.7	3623.3	1289.8	1257.4
1984	3608.2	5372.6	2969.1	3960.3	1330.6	1372.5
1985	3483.0	5256.3	2936.7	3607.2	1360.5	1337.7
1986	3529.3	5337.6	3040.2	3705.1	1400.2	1291.1
1987	3621.7	5413.1	2982.9	3920.6	1476.0	1366.5
1988	3578.6	5286.7	2968.0	3928.1	1434.1	1243.3
1989	3632.2	5508.5	3043.0	3877.9	1269.3	1233.1
1990	3932.8	5726.1	3194.1	4523.9	1455.1	1479.9
1991	3875.7	5640.2	3100.5	4578.3	1379.5	1421.0
1992	4003.8	5803.1	3331.2	4532.7	1427.0	1428.4
1993	4130.8	5847.9	3518.8	4963.0	1619.1	1619.0
1994	4063.2	5831.1	3426.3	4693.4	1734.9	1646.9
1995	4239.7	6024.8	3541.5	4916.9	1661.4	1717.6
1996	4482.8	6212.4	3734.1	5203.3	1770.2	1760.7
1997	4376.6	6319.4	4101.9	4387.3	1765.1	1742.5
1998	4502.2	6366.2	3685.3	5267.8	1782.5	1791.0
1999	4492.6	6344.8	3946.6	4944.7	1789.2	1870.5
2000	4261.2	6271.6	3738.2	4597.5	1655.7	1918.7
2001	4266.9	6163.3	3806.1	4698.4	1624.8	1958.1
2002	4399.4	6189.0	3776.5	4924.5	1892.9	1962.0
2003	4332.5	6060.7	3931.8	4812.6	1652.9	1875.2
2004	4620.5	6310.6	4251.9	5120.2	1814.8	2124.6
2005	4641.6	6260.2	4275.3	5287.3	1704.5	2149.2
2006	4745.2	6279.6	4593.4	5326.3	1620.9	2249.3
2007	4756.1	6433.0	4607.7	5166.7	1453.7	2257.8
2008	4968.6	6562.5	4762.0	5555.7	1702.8	2294.9
2009	4892.4	6585.3	4739.0	5258.5	1630.2	2335.1
2010	5005.7	6553.0	4748.4	5453.7	1771.2	2305.0
2011	5208.8	6687.3	4837.2	5747.5	1836.3	2384.7
2012	5353.1	6776.9	4986.2	5869.7	1814.4	2445.6
2013	5439.5	6717.3	5055.6	6015.9	1759.9	2446.3
2014	5445.9	6813.2	5243.5	5808.9	1787.3	2517.4
2015	5553.0	6891.3	5392.6	5892.9	1811.4	2546.5
2016	5539.2	6865.8	5396.9	5967.1	1789.2	2577.5
2017	5607.4	6916.9	5481.2	6110.3	1853.6	2628.1
2018	5621.2	7026.6	5416.6	6104.3	1898.0	2672.4

注 : 2007~2017 年粮食及油料数据根据 2016 年第三次农业普查情况做了相应衔接修订。

数据来源 : 国家统计局统计资料。

4. 各地区粮食播种面积（2017~2018 年）

单位：千公顷

地　区	2017 年	2018 年	2018 年比 2017 年增加	
			绝对数	%
全国总计	117989.1	117038.2	−950.9	−0.8
东部地区	25455.4	25201.6	−253.9	−1.0
中部地区	35036.1	34675.7	−360.4	−1.0
西部地区	34331.8	33862.7	−469.2	−1.4
东北地区	23165.7	23298.3	132.6	0.6
北　京	66.8	55.6	−11.2	−16.8
天　津	351.4	350.2	−1.2	−0.3
河　北	6658.5	6538.7	−119.8	−1.8
山　西	3180.9	3137.1	−43.9	−1.4
内蒙古	6780.9	6789.9	8.9	0.1
辽　宁	3467.5	3484.0	16.6	0.5
吉　林	5544.0	5599.7	55.8	1.0
黑龙江	14154.3	14214.5	60.3	0.4
上　海	133.1	129.9	−3.3	−2.5
江　苏	5527.3	5475.9	−51.4	−0.9
浙　江	977.2	975.7	−1.5	−0.2
安　徽	7321.8	7316.3	−5.5	−0.1
福　建	833.2	833.5	0.3	0.0
江　西	3786.3	3721.3	−65.0	−1.7
山　东	8455.6	8404.8	−50.8	−0.6
河　南	10915.1	10906.1	−9.1	−0.1
湖　北	4853.0	4847.0	−6.0	−0.1
湖　南	4978.9	4747.9	−231.0	−4.6
广　东	2169.7	2151.0	−18.7	−0.9
广　西	2853.1	2802.1	−50.9	−1.8
海　南	282.5	286.1	3.6	1.3
重　庆	2030.7	2017.8	−12.9	−0.6
四　川	6292.0	6265.6	−26.4	−0.4
贵　州	3052.8	2740.2	−312.6	−10.2
云　南	4169.2	4174.6	5.4	0.1
西　藏	185.6	184.7	−1.0	−0.5
陕　西	3019.4	3006.0	−13.4	−0.4
甘　肃	2647.2	2645.3	−1.9	−0.1
青　海	282.6	281.3	−1.3	−0.5
宁　夏	722.5	735.7	13.2	1.8
新　疆	2295.9	2219.6	−76.2	−3.3

注：1. 东部地区包括：北京、天津、河北、上海、江苏、浙江、福建、山东、广东、海南 10 省市；中部地区包括：
山西、安徽、江西、河南、湖北、湖南 6 省；西部地区包括：重庆、四川、贵州、云南、西藏、陕西、甘肃、
青海、宁夏、新疆、内蒙古、广西 12 省区市；东北地区包括：辽宁、吉林、黑龙江 3 省。
2. 2017 年粮食及油料数据根据第三次农业普查情况做了相应衔接修订。
数据来源：国家统计局统计资料。

5. 各地区粮食总产量（2017~2018 年）

单位：万吨

地　区	2017 年	2018 年	2018 年比 2017 年增加	
			绝对数	%
全国总计	66160.7	65789.2	−371.5	−0.6
东部地区	15581.5	15466.6	−114.9	−0.7
中部地区	20040.5	20089.6	49.1	0.2
西部地区	16643.6	16901.0	257.4	1.5
东北地区	13895.1	13332.0	−563.0	−4.1
北　京	41.1	34.1	−7.0	−17.0
天　津	212.3	209.7	−2.6	−1.2
河　北	3829.2	3700.9	−128.4	−3.4
山　西	1355.1	1380.4	25.3	1.9
内蒙古	3254.5	3553.3	298.7	9.2
辽　宁	2330.7	2192.4	−138.3	−5.9
吉　林	4154.0	3632.7	−521.3	−12.5
黑龙江	7410.3	7506.8	96.5	1.3
上　海	99.8	103.7	4.0	4.0
江　苏	3610.8	3660.3	49.5	1.4
浙　江	580.1	599.1	19.0	3.3
安　徽	4019.7	4007.3	−12.5	−0.3
福　建	487.2	498.6	11.4	2.3
江　西	2221.7	2190.7	−31.0	−1.4
山　东	5374.3	5319.5	−54.8	−1.0
河　南	6524.2	6648.9	124.7	1.9
湖　北	2846.1	2839.5	−6.7	−0.2
湖　南	3073.6	3022.9	−50.7	−1.6
广　东	1208.6	1193.5	−15.1	−1.2
广　西	1370.5	1372.8	2.3	0.2
海　南	138.1	147.1	9.0	6.5
重　庆	1079.9	1079.3	−0.5	0.0
四　川	3488.9	3493.7	4.8	0.1
贵　州	1242.4	1059.7	−182.7	−14.7
云　南	1843.4	1860.5	17.1	0.9
西　藏	106.5	104.4	−2.1	−2.0
陕　西	1194.2	1226.0	31.8	2.7
甘　肃	1105.9	1151.4	45.5	4.1
青　海	102.5	103.1	0.5	0.5
宁　夏	370.1	392.6	22.5	6.1
新　疆	1484.7	1504.2	19.5	1.3

注：1. 东部地区包括：北京、天津、河北、上海、江苏、浙江、福建、山东、广东、海南 10 省市；中部地区包括：
　　山西、安徽、江西、河南、湖北、湖南 6 省；西部地区包括：重庆、四川、贵州、云南、西藏、陕西、
　　甘肃、青海、宁夏、新疆、内蒙古、广西 12 省区市；东北地区包括：辽宁、吉林、黑龙江 3 省。
　　2. 2017 年粮食及油料数据根据第三次农业普查情况做了相应衔接修订。
数据来源：国家统计局统计资料。

6. 各地区粮食单位面积产量（2017~2018 年）

单位：公斤 / 公顷

地　区	2017 年	2018 年	2018 年比 2017 年增加	
			绝对数	%
全国总计	5607.4	5621.2	13.8	0.2
东部地区	6121.1	6137.1	16.1	0.3
中部地区	5720.0	5793.6	73.6	1.3
西部地区	4847.9	4991.1	143.2	3.0
东北地区	5998.1	5722.3	−275.8	−4.6
北　京	6152.2	6136.7	−15.6	−0.3
天　津	6040.7	5987.6	−53.2	−0.9
河　北	5750.9	5660.0	−90.9	−1.6
山　西	4260.1	4400.3	140.2	3.3
内蒙古	4799.6	5233.2	433.7	9.0
辽　宁	6721.7	6292.8	−428.9	−6.4
吉　林	7492.8	6487.4	−1005.5	−13.4
黑龙江	5235.4	5281.1	45.7	0.9
上　海	7494.5	7988.0	493.5	6.6
江　苏	6532.7	6684.3	151.7	2.3
浙　江	5936.8	6140.4	203.6	3.4
安　徽	5490.1	5477.1	−12.9	−0.2
福　建	5846.6	5981.7	135.0	2.3
江　西	5867.8	5886.9	19.1	0.3
山　东	6355.9	6329.1	−26.8	−0.4
河　南	5977.2	6096.5	119.3	2.0
湖　北	5864.7	5858.2	−6.5	−0.1
湖　南	6173.2	6366.8	193.6	3.1
广　东	5570.1	5548.4	−21.7	−0.4
广　西	4803.6	4899.1	95.6	2.0
海　南	4889.3	5142.1	252.8	5.2
重　庆	5317.7	5349.0	31.2	0.6
四　川	5545.0	5576.0	31.0	0.6
贵　州	4069.9	3867.2	−202.7	−5.0
云　南	4421.5	4456.8	35.3	0.8
西　藏	5738.3	5652.8	−85.5	−1.5
陕　西	3955.1	4078.5	123.4	3.1
甘　肃	4177.7	4352.8	175.1	4.2
青　海	3629.2	3664.2	35.0	1.0
宁　夏	5121.7	5336.3	214.6	4.2
新　疆	6467.0	6776.9	309.9	4.8

注：1. 东部地区包括：北京、天津、河北、上海、江苏、浙江、福建、山东、广东、海南 10 省市；中部地区包括：山西、安徽、江西、河南、湖北、湖南 6 省；西部地区包括：重庆、四川、贵州、云南、西藏、陕西、甘肃、青海、宁夏、新疆、内蒙古、广西 12 省区市；东北地区包括：辽宁、吉林、黑龙江 3 省。

2. 2017 年粮食及油料数据根据第三次农业普查情况做了相应衔接修订。

数据来源：国家统计局统计资料。

7. 2018 年各地区粮食及油料播种面积和产量 (一)

单位：千公顷；万吨；公斤 / 公顷

地　区	粮　食			稻谷		
	播种面积	总 产 量	每公顷产量	播种面积	总 产 量	每公顷产量
全国总计	117038.2	65789.2	5621.2	30189.5	21212.9	7026.6
东部地区	25201.6	15466.6	6137.1	5854.8	4273.1	7298.4
中部地区	34675.7	20089.6	5793.6	13002.2	8915.0	6856.6
西部地区	33862.7	16901.0	4991.1	6221.3	4274.9	6871.4
东北地区	23298.3	13332.0	5722.3	5111.2	3749.9	7336.7
北　京	55.6	34.1	6136.7	0.2	0.1	6752.7
天　津	350.2	209.7	5987.6	39.9	37.4	9376.5
河　北	6538.7	3700.9	5660.0	78.4	52.5	6692.6
山　西	3137.1	1380.4	4400.3	0.8	0.6	6960.0
内蒙古	6789.9	3553.3	5233.2	150.4	121.9	8100.0
辽　宁	3484.0	2192.4	6292.8	488.4	418.0	8559.8
吉　林	5599.7	3632.7	6487.4	839.7	646.3	7697.0
黑龙江	14214.5	7506.8	5281.1	3783.1	2685.5	7098.8
上　海	129.9	103.7	7988.0	103.6	88.0	8492.5
江　苏	5475.9	3660.3	6684.3	2214.7	1958.0	8841.0
浙　江	975.7	599.1	6140.4	651.1	477.4	7332.6
安　徽	7316.3	4007.3	5477.1	2544.8	1681.2	6606.6
福　建	833.5	498.6	5981.7	619.6	398.3	6428.3
江　西	3721.3	2190.7	5886.9	3436.2	2092.2	6088.7
山　东	8404.8	5319.5	6329.1	113.8	98.6	8661.0
河　南	10906.1	6648.9	6096.5	620.4	501.4	8081.9
湖　北	4847.0	2839.5	5858.2	2391.0	1965.6	8220.9
湖　南	4747.9	3022.9	6366.8	4009.0	2674.0	6670.0
广　东	2151.0	1193.5	5548.4	1787.4	1032.1	5774.2
广　西	2802.1	1372.8	4899.1	1752.6	1016.2	5798.6
海　南	286.1	147.1	5142.1	246.1	130.7	5310.8
重　庆	2017.8	1079.3	5349.0	656.4	486.92	7417.5
四　川	6265.6	3493.7	5576.0	1874.0	1478.6	7890.1
贵　州	2740.2	1059.7	3867.2	671.2	420.7	6262.9
云　南	4174.6	1860.5	4456.8	849.6	527.7	6211.5
西　藏	184.7	104.4	5652.8	0.9	0.5	5592.7
陕　西	3006.0	1226.0	4078.5	105.4	80.7	7656.1
甘　肃	2645.3	1151.4	4352.8	3.8	2.5	6468.9
青　海	281.3	103.1	3664.2	0.0	0.0	0.0
宁　夏	735.7	392.6	5336.3	78.0	66.6	8531.0
新　疆	2219.6	1504.2	6776.9	78.4	72.7	9268.2

注：东部地区包括：北京、天津、河北、上海、江苏、浙江、福建、山东、广东、海南 10 省市；中部地区包括：山西、安徽、江西、河南、湖北、湖南 6 省；西部地区包括：重庆、四川、贵州、云南、西藏、陕西、甘肃、青海、宁夏、新疆、内蒙古、广西 12 省区市；东北地区包括：辽宁、吉林、黑龙江 3 省。

数据来源：国家统计局统计资料。

7. 2018 年各地区粮食及油料播种面积和产量（二）

单位：千公顷；万吨；公斤/公顷

地 区	小麦			玉米		
	播种面积	总产量	每公顷产量	播种面积	总产量	每公顷产量
全国总计	24266.2	13144.0	5416.6	42130.1	25717.4	6104.3
东部地区	9047.7	5322.9	5883.2	8315.1	5074.9	6103.3
中部地区	10318.9	5860.4	5679.3	7980.6	4470.5	5601.7
西部地区	4786.6	1923.1	4017.7	12572.1	7727.2	6146.3
东北地区	113.0	37.6	3326.6	13262.3	8444.8	6367.6
北 京	9.8	5.3	5367.4	40.1	27.1	6770.2
天 津	110.8	57.1	5154.3	186.8	110.6	5919.2
河 北	2357.2	1450.7	6154.5	3437.7	1941.2	5646.6
山 西	560.3	228.6	4080.0	1747.7	981.6	5616.8
内蒙古	596.7	202.3	3390.0	3742.1	2700.0	7215.0
辽 宁	2.4	1.4	5749.5	2713.0	1662.8	6129.0
吉 林	1.2	0.0	326.1	4231.5	2799.9	6616.8
黑龙江	109.4	36.2	3306.6	6317.8	3982.2	6303.1
上 海	21.3	13.0	6082.0	1.8	1.3	6930.2
江 苏	2404.0	1289.1	5362.5	515.8	300.0	5815.6
浙 江	85.4	35.8	4192.8	49.3	20.6	4183.2
安 徽	2875.9	1607.5	5589.5	1138.6	595.6	5231.3
福 建	0.2	0.1	2807.9	28.8	12.6	4361.5
江 西	14.6	3.2	2168.3	35.0	15.7	4471.4
山 东	4058.6	2471.7	6090.0	3934.7	2607.2	6626.1
河 南	5739.9	3602.9	6276.9	3919.0	2351.4	6000.0
湖 北	1105.0	410.4	3713.9	781.2	323.4	4139.5
湖 南	23.4	8.0	3430.4	359.2	202.8	5646.4
广 东	0.4	0.2	3571.4	120.1	54.5	4542.0
广 西	3.0	0.5	1666.7	584.4	273.4	4678.1
海 南	0.0	0.0	0.0	0.0	0.0	0.0
重 庆	24.8	8.2	3289.3	442.3	251.3	5681.9
四 川	635.0	247.3	3894.5	1856.0	1066.3	5745.2
贵 州	141.6	33.2	2342.9	602.1	259.0	4300.8
云 南	339.2	74.3	2190.0	1785.2	926.0	5187.1
西 藏	31.7	19.5	6133.0	5.2	3.4	6517.8
陕 西	967.3	401.3	4149.0	1179.5	584.2	4952.6
甘 肃	775.6	280.5	3616.8	1012.7	590.0	5825.7
青 海	111.6	42.6	3820.8	18.5	11.5	6249.3
宁 夏	128.6	41.6	3233.5	310.8	234.6	7549.1
新 疆	1031.5	571.9	5544.4	1033.3	827.6	8009.1

注：东部地区包括：北京、天津、河北、上海、江苏、浙江、福建、山东、广东、海南10省市；中部地区包括：山西、安徽、江西、河南、湖北、湖南6省；西部地区包括：重庆、四川、贵州、云南、西藏、陕西、甘肃、青海、宁夏、新疆、内蒙古、广西12省区市；东北地区包括：辽宁、吉林、黑龙江3省。

数据来源：国家统计局统计资料。

7. 2018 年各地区粮食及油料播种面积和产量（三）

单位：千公顷；万吨；公斤 / 公顷

地　区	大豆			油料		
	播种面积	总 产 量	每公顷产量	播种面积	总 产 量	每公顷产量
全国总计	8412.8	1596.7	1898.0	12872.4	3433.4	2667.2
东部地区	593.6	155.0	2611.1	1924.9	685.4	3561.0
中部地区	1618.5	303.6	1876.1	5374.1	1462.3	2720.9
西部地区	2280.2	407.2	1785.6	4950.2	1108.8	2239.9
东北地区	3920.4	730.9	1864.3	623.3	176.9	2837.8
北　京	1.9	0.4	1986.7	1.6	0.4	2637.5
天　津	6.2	1.4	2183.2	2.1	0.6	2992.3
河　北	87.6	21.2	2424.3	367.9	121.4	3299.6
山　西	150.5	23.6	1567.5	111.9	15.5	1382.7
内蒙古	1094.2	179.4	1639.5	891.0	201.5	2261.6
辽　宁	73.5	18.0	2449.0	290.9	78.1	2685.3
吉　林	279.2	55.1	1974.7	280.8	87.5	3117.1
黑龙江	3567.7	657.8	1843.7	51.5	11.2	2176.7
上　海	0.6	0.2	2699.8	2.8	0.7	2574.0
江　苏	193.8	49.1	2535.2	262.8	86.0	3274.4
浙　江	85.2	21.5	2517.9	128.5	29.4	2291.1
安　徽	649.9	97.5	1500.1	520.2	158.0	3037.8
福　建	31.1	8.6	2773.9	75.4	21.2	2816.6
江　西	106.2	26.3	2472.9	680.1	120.8	1776.2
山　东	153.5	43.3	2822.4	711.4	310.9	4370.5
河　南	385.6	95.6	2478.8	1461.4	631.0	4318.0
湖　北	219.8	34.2	1556.6	1255.8	302.5	2408.7
湖　南	106.5	26.5	2489.2	1344.7	234.4	1743.5
广　东	31.8	8.7	2739.9	341.0	106.3	3115.9
广　西	97.7	16.2	1654.9	243.4	66.7	2738.9
海　南	2.0	0.6	3184.1	31.6	8.4	2675.6
重　庆	97.1	19.9	2046.2	325.1	63.7	1959.6
四　川	377.0	88.8	2355.4	1491.2	362.5	2431.2
贵　州	198.9	19.7	991.5	651.9	112.6	1727.5
云　南	176.3	43.5	2467.5	309.5	61.0	1970.5
西　藏	0.1	0.0	3228.5	22.5	5.9	2596.3
陕　西	151.6	23.9	1577.8	284.0	61.0	2146.6
甘　肃	45.0	7.2	1608.0	325.8	70.4	2161.0
青　海	0.0	0.0	0.0	147.9	28.5	1924.9
宁　夏	6.9	0.9	1275.4	33.7	7.3	2161.2
新　疆	35.4	7.6	2157.6	224.1	67.8	3025.6

注：东部地区包括：北京、天津、河北、上海、江苏、浙江、福建、山东、广东、海南 10 省市；中部地区包括：
　　山西、安徽、江西、河南、湖北、湖南 6 省；西部地区包括：重庆、四川、贵州、云南、西藏、陕西、甘肃、
　　青海、宁夏、新疆、内蒙古、广西 12 省区市；东北地区包括：辽宁、吉林、黑龙江 3 省。

数据来源：国家统计局统计资料。

8. 2018 年各地区粮油产量及人均占有量排序

单位：万吨；公斤

地　区	粮食产量		粮食人均占有量		油料产量		油料人均占有量	
	绝对数	位次	绝对数	位次	绝对数	位次	绝对数	位次
全国总计	65789.2		472.38		3433.4		24.65	
北　京	34.1	31	15.79	31	0.4	31	0.19	31
天　津	209.7	26	134.56	26	0.6	30	0.40	29
河　北	3700.9	5	490.97	10	121.4	8	16.10	17
山　西	1380.4	16	372.07	18	15.5	24	4.17	27
内蒙古	3553.3	8	1403.63	2	201.5	6	79.60	1
辽　宁	2192.4	12	502.38	9	78.1	14	17.90	15
吉　林	3632.7	7	1340.23	3	87.5	12	32.29	7
黑龙江	7506.8	1	1985.45	1	11.2	25	2.97	28
上　海	103.7	29	42.85	30	0.7	29	0.29	30
江　苏	3660.3	6	455.26	13	86.0	13	10.70	21
浙　江	599.1	23	105.17	29	29.4	21	5.17	26
安　徽	4007.3	4	637.15	5	158.0	7	25.13	13
福　建	498.6	24	126.99	27	21.2	23	5.41	25
江　西	2190.7	13	472.66	12	120.8	9	26.06	12
山　东	5319.5	3	530.54	8	310.9	3	31.01	9
河　南	6648.9	2	693.90	4	631.0	1	65.86	2
湖　北	2839.5	11	480.49	11	302.5	4	51.19	3
湖　南	3022.9	10	439.41	14	234.4	5	34.08	6
广　东	1193.5	19	106.02	28	106.3	11	9.44	23
广　西	1372.8	17	279.85	23	66.7	17	13.59	19
海　南	147.1	27	158.17	25	8.4	26	9.08	24
重　庆	1079.3	21	349.48	19	63.7	18	20.63	14
四　川	3493.7	9	419.84	16	362.5	2	43.57	5
贵　州	1059.7	22	295.18	22	112.6	10	31.37	8
云　南	1860.5	14	386.39	17	61.0	19	12.66	20
西　藏	104.4	28	306.68	21	5.9	28	17.19	16
陕　西	1226.0	18	318.47	20	61.0	20	15.84	18
甘　肃	1151.4	20	437.53	15	70.4	15	26.76	11
青　海	103.1	30	171.59	24	28.5	22	47.40	4
宁　夏	392.6	25	573.06	7	7.3	27	10.64	22
新　疆	1504.2	15	610.02	6	67.8	16	27.50	10

数据来源：国家统计局统计资料。

9. 2018 年各地区人均粮食占有量

单位：公斤／人

地 区	粮 食	其中：谷物	稻 谷	小 麦	玉 米	大 豆
全国总计	472.38	438.01	152.31	94.38	184.65	11.46
北 京	15.79	15.25	0.05	2.43	12.55	0.17
天 津	134.56	133.07	24.01	36.66	70.95	0.87
河 北	490.97	467.62	6.96	192.46	257.52	2.82
山 西	372.07	348.58	0.15	61.61	264.59	6.36
内蒙古	1403.63	1263.22	48.14	79.91	1066.55	70.87
辽 宁	502.38	488.44	95.79	0.31	381.01	4.12
吉 林	1340.23	1303.73	238.45	0.01	1032.96	20.34
黑龙江	1985.45	1784.66	710.29	9.57	1053.23	173.97
上 海	42.85	42.62	36.34	5.36	0.52	0.07
江 苏	455.26	444.34	243.54	160.34	37.31	6.11
浙 江	105.17	94.04	83.80	6.28	3.62	3.77
安 徽	637.15	618.40	267.31	255.58	94.70	15.50
福 建	126.99	105.11	101.45	0.01	3.20	2.19
江 西	472.66	455.72	451.41	0.68	3.38	5.67
山 东	530.54	517.70	9.83	246.51	260.03	4.32
河 南	693.90	676.62	52.33	376.00	245.40	9.97
湖 北	480.49	457.58	332.62	69.44	54.72	5.79
湖 南	439.41	420.31	388.69	1.16	29.48	3.85
广 东	106.02	96.60	91.68	0.01	4.84	0.77
广 西	279.85	264.18	207.16	0.10	55.73	3.30
海 南	158.17	140.51	140.51	0.00	0.00	0.69
重 庆	349.48	244.01	157.66	2.64	81.38	6.43
四 川	419.84	340.19	177.68	29.72	128.14	10.67
贵 州	295.18	205.91	117.19	9.24	72.13	5.49
云 南	386.39	328.48	109.59	15.43	192.31	9.04
西 藏	306.68	298.25	1.55	57.17	9.87	0.09
陕 西	318.47	286.54	20.96	104.25	151.74	6.21
甘 肃	437.53	349.03	0.94	106.59	224.19	2.75
青 海	171.59	106.47	0.00	70.99	19.20	0.00
宁 夏	573.06	515.86	97.15	60.70	342.48	1.28
新 疆	610.02	599.71	29.46	231.92	335.61	3.10

数据来源：国家统计局统计资料。

10. 2018 年各地区人均农产品占有量

单位：公斤／人

地 区	粮食	棉花	油料	糖料	水果	水产品
全国总计	472.4	4.4	24.7	85.7	184.4	46.4
北 京	15.8	0.0	0.2	0.0	28.4	1.4
天 津	134.6	1.2	0.4	0.0	40.1	20.9
河 北	491.0	3.2	16.1	12.5	178.8	14.5
山 西	372.1	0.1	4.2	0.0	202.3	1.3
内蒙古	1403.6	0.0	79.6	203.8	104.4	5.5
辽 宁	502.4	0.0	17.9	2.7	180.8	103.3
吉 林	1340.2	0.0	32.3	0.9	54.7	8.6
黑龙江	1985.5	0.0	3.0	14.0	45.2	16.5
上 海	42.9	0.0	0.3	0.1	22.4	10.8
江 苏	455.3	0.3	10.7	0.7	116.2	61.5
浙 江	105.2	0.1	5.2	7.1	130.5	103.5
安 徽	637.2	1.4	25.1	1.6	102.4	35.8
福 建	127.0	0.0	5.4	6.7	174.0	199.7
江 西	472.7	1.6	26.1	13.9	147.7	55.2
山 东	530.5	2.2	31.0	0.0	278.1	85.9
河 南	693.9	0.4	65.9	1.6	260.1	10.3
湖 北	480.5	2.5	51.2	4.7	168.9	77.6
湖 南	439.4	1.2	34.1	4.9	147.8	35.9
广 东	106.0	0.0	9.4	125.5	148.3	74.8
广 西	279.8	0.0	13.6	1486.6	431.5	67.7
海 南	158.2	0.0	9.1	142.5	462.7	189.0
重 庆	349.5	0.0	20.6	2.9	139.6	17.1
四 川	419.8	0.0	43.6	4.4	129.9	18.4
贵 州	295.2	0.0	31.4	17.4	102.9	6.6
云 南	386.4	0.0	12.7	340.6	168.9	13.2
西 藏	306.7	0.0	17.2	0.0	0.9	0.1
陕 西	318.5	0.3	15.8	0.0	476.7	4.2
甘 肃	437.5	1.3	26.8	9.6	231.5	0.5
青 海	171.6	0.0	47.4	0.1	5.8	2.8
宁 夏	573.1	0.0	10.6	0.0	287.9	25.8
新 疆	610.0	207.3	27.5	172.2	607.4	7.1

数据来源：国家统计局统计资料。

11. 2018 年分地区粮食产业主要经济指标情况表

单位：亿元

项目	工业总产值	销售收入	利税总额	利润总额
全国总计	30792.3	31593.2	2762.1	2177.6
北　京	302.3	415.1	48.2	33.1
天　津	435.1	478.8	15.9	15.1
河　北	1040.5	1024.0	37.7	32.3
山　西	254.3	254.2	41.2	30.5
内蒙古	416.4	421.7	23.3	20.8
辽　宁	865.7	885.5	34.9	30.2
吉　林	603.3	599.7	22.4	16.9
黑龙江	1049.4	1047.5	27.1	26.0
上　海	279.1	376.4	25.6	17.8
江　苏	2724.6	2848.0	251.1	205.0
浙　江	635.6	677.5	40.6	26.8
安　徽	2635.1	2519.5	123.1	106.0
福　建	712.4	709.4	46.3	40.7
江　西	891.5	840.0	29.4	27.0
山　东	4016.4	4361.6	315.9	219.1
河　南	2033.0	1896.3	81.6	68.6
湖　北	2274.0	2166.9	139.8	111.1
湖　南	1453.8	1348.6	60.7	50.7
广　东	2407.1	2550.8	164.2	125.1
广　西	944.4	1064.8	23.9	22.5
海　南	83.4	105.2	2.6	2.5
重　庆	500.2	500.8	26.7	22.9
四　川	1942.9	2202.2	402.2	304.6
贵　州	1124.2	1084.4	719.9	578.9
云　南	219.3	265.7	8.2	4.2
西　藏	10.3	8.8	5.3	2.7
陕　西	441.6	404.9	18.0	17.1
甘　肃	105.8	98.3	7.3	5.9
青　海	20.5	23.3	2.0	1.5
宁　夏	116.7	137.6	4.4	3.1
新　疆	253.1	275.5	12.8	9.0

数据来源：国家粮食和物资储备局统计资料。

12. 2018 年分地区粮食加工产业生产能力汇总表

单位：万吨

项目	年处理小麦	年处理稻谷	年处理玉米	年处理油料	年精炼油脂	年生产饲料
全国总计	19662.5	36898.2	1852.7	17275.0	6762.0	38758.7
北　京	141.5	122.5	0.6	8.3	6.0	255.8
天　津	136.1	51.0	0.0	532.8	312.1	234.7
河　北	1898.8	180.0	65.7	621.6	143.1	1049.1
山　西	307.0	0.8	54.9	70.1	14.4	683.0
内蒙古	215.3	117.9	75.8	165.9	34.4	903.7
辽　宁	99.5	1808.7	139.4	756.8	157.5	3196.8
吉　林	16.3	1739.6	312.6	206.6	44.3	4468.5
黑龙江	231.9	6969.5	218.9	1013.5	132.0	1471.8
上　海	45.0	148.6	0.0	62.7	108.1	161.0
江　苏	1668.2	3161.3	4.5	2690.4	983.3	1836.4
浙　江	143.0	657.5	26.4	423.9	127.0	748.0
安　徽	2032.3	4400.3	173.0	544.2	253.4	1588.1
福　建	229.5	691.2	3.9	584.8	195.8	974.1
江　西	0.3	3442.6	49.2	140.2	166.3	1744.5
山　东	4270.6	221.4	207.3	2509.2	689.7	4586.6
河　南	4973.6	922.0	138.8	821.5	229.1	1797.2
湖　北	733.1	5373.2	76.2	1285.0	516.1	1759.2
湖　南	30.9	2965.2	21.6	440.1	963.2	2085.8
广　东	489.9	727.0	28.5	1391.9	612.0	3541.6
广　西	27.8	621.0	0.0	1233.1	311.4	1667.8
海　南	0.0	26.5	0.0	0.0	0.8	286.1
重　庆	11.8	338.5	0.0	74.0	86.5	435.3
四　川	240.5	1200.7	85.2	669.8	274.1	1542.9
贵　州	6.8	291.5	2.1	109.9	32.9	473.2
云　南	59.2	282.0	2.0	40.7	30.0	407.7
西　藏	11.0	0.0	0.0	0.7	0.1	1.1
陕　西	587.3	133.1	38.2	200.1	97.5	321.8
甘　肃	358.3	3.8	1.2	43.0	14.7	164.7
青　海	27.7	0.0	0.1	140.6	53.0	14.8
宁　夏	151.6	239.3	0.1	33.2	22.3	160.8
新　疆	518.1	61.6	126.5	460.6	150.9	197.1

数据来源：国家粮食和物资储备局统计资料。

13. 粮食成本收益变化情况表（1991~2018 年）

单位：元

年　份	每 50 公斤平均出售价格				每亩总成本				每亩净利润			
	粮食平均	稻谷	小麦	玉米	粮食平均	稻谷	小麦	玉米	粮食平均	稻谷	小麦	玉米
1991	26.1	28.5	30.0	21.1	153.9	188.4	138.4	135.3	34.3	62.4	6.3	34.0
1992	28.4	29.3	33.1	24.3	163.8	192.3	149.3	150.6	44.0	67.7	21.2	42.3
1993	35.8	40.4	36.5	30.2	178.6	211.2	169.8	155.2	92.3	145.1	35.6	95.8
1994	59.4	71.2	56.5	48.2	239.4	298.1	213.2	206.7	190.7	316.7	82.3	173.3
1995	75.1	82.1	75.4	67.0	321.8	391.4	281.7	292.2	223.9	311.1	130.5	230.1
1996	72.3	80.6	81.0	57.2	388.7	458.3	359.5	351.2	155.7	247.5	92.9	123.8
1997	65.1	69.4	70.1	55.8	386.1	450.2	349.5	358.4	105.4	171.8	74.8	69.8
1998	62.1	66.9	66.6	53.8	383.9	437.4	357.5	356.6	79.3	155.9	−6.2	88.2
1999	53.0	56.6	60.4	43.7	370.7	425.2	351.5	337.2	25.6	75.8	−12.1	11.2
2000	48.4	51.7	52.9	42.8	356.2	401.7	352.5	330.6	−3.2	50.1	−28.8	−6.9
2001	51.5	53.7	52.5	48.3	350.6	400.5	323.6	327.9	39.4	81.4	−27.5	64.3
2002	49.2	51.4	51.3	45.6	370.4	415.8	342.7	351.6	4.9	37.6	−52.7	30.8
2003	56.5	60.1	56.4	52.7	368.3	419.1	339.6	347.6	42.9	94.9	−30.3	62.8
2004	70.7	79.8	74.5	58.1	395.5	454.6	355.9	375.7	196.5	285.1	169.6	134.9
2005	67.4	77.7	69.0	55.5	425.0	493.3	389.6	392.3	122.6	192.7	79.4	95.5
2006	72.0	80.6	71.6	63.4	444.9	518.2	404.8	411.8	155.0	202.4	117.7	144.8
2007	78.8	85.2	75.6	74.8	481.1	555.2	438.6	449.7	185.2	229.1	125.3	200.8
2008	83.5	95.1	82.8	72.5	562.4	665.1	498.6	523.5	186.4	235.6	164.5	159.2
2009	91.3	99.1	92.4	82.0	630.3	716.7	592.0	582.3	162.4	217.6	125.5	144.2
2010	103.8	118.0	99.0	93.6	672.7	766.6	618.6	632.6	227.2	309.8	132.2	239.7
2011	115.4	134.5	104.0	106.1	791.2	897.0	712.3	764.2	250.8	371.3	117.9	263.1
2012	119.9	138.1	108.3	111.1	936.4	1055.1	830.4	924.2	168.4	285.7	21.3	197.7
2013	121.1	136.5	117.8	108.8	1026.2	1151.1	914.7	1012.0	72.9	154.8	−12.8	77.5
2014	124.4	140.6	120.6	111.9	1068.6	1176.6	965.1	1063.9	124.8	204.8	87.8	81.8
2015	116.3	138.0	116.4	94.2	1090.0	1202.1	984.3	1083.7	19.6	175.4	17.4	−134.2
2016	108.4	136.8	111.6	77.0	1093.6	1201.8	1012.5	1065.6	−80.3	142.0	−82.2	−299.7
2017	111.6	137.9	116.6	82.2	1081.6	1210.2	1007.6	1026.5	−12.5	132.6	6.1	−175.8
2018	109.7	129.4	112.2	87.8	1093.8	1223.6	1012.9	1044.8	−85.6	65.9	−159.4	−163.3

数据来源：国家发展和改革委员会统计资料。

14. 国有粮食企业主要粮食品种收购量（2005~2018 年）

单位：原粮，万吨

年　份	合计	小麦	稻谷	玉米	大豆	其他
2005	12617.45	3745.20	3695.95	4529.90	506.00	140.40
2006	13199.30	6039.95	3096.25	3424.70	492.20	146.20
2007	11039.30	4733.15	2856.95	3008.30	321.45	119.45
2008	17008.00	6712.70	5142.10	4754.20	313.40	85.60
2009	16386.50	6833.95	3800.95	4988.45	653.00	110.15
2010	13352.15	6177.70	3082.10	3333.65	648.80	109.90
2011	12672.05	4650.40	4028.70	3428.10	465.65	99.20
2012	13498.40	4871.40	3709.30	4260.90	563.90	92.90
2013	18630.90	4023.80	5722.90	8472.70	317.20	94.30
2014	20656.75	5779.05	5497.55	8995.50	317.05	67.60
2015	26122.90	5095.30	5787.10	15046.60	140.10	53.80
2016	22514.25	5939.75	6114.80	10331.50	66.55	61.65
2017	16397.40	5250.15	5144.25	5801.65	145.65	55.70
2018	12594.50	3119.25	5011.30	4218.10	175.35	70.50

数据来源：国家粮食和物资储备局统计资料。

15. 国有粮食企业主要粮食品种销售量（2005~2018 年）

单位：原粮，万吨

年 份	合计	小麦	稻谷	玉米	大豆	其他
2005	13275.10	4276.90	3693.55	4348.75	841.70	114.20
2006	13209.30	4246.10	3846.50	4133.20	847.60	135.90
2007	14230.60	5104.00	4168.35	3890.35	892.75	175.15
2008	16635.80	7352.90	4430.90	3985.40	755.90	110.70
2009	17974.45	7094.20	4335.35	5261.40	1145.75	137.75
2010	20280.35	7569.00	4416.85	6454.75	1662.95	176.80
2011	20513.80	7342.20	5200.80	5839.05	1992.20	139.55
2012	18154.70	6929.95	4296.05	4548.00	2188.10	192.60
2013	20814.20	7623.60	4435.80	6179.65	2418.00	157.15
2014	22860.05	6124.95	5586.30	8226.25	2618.10	304.45
2015	20400.50	5616.00	5717.30	5639.40	2704.60	723.20
2016	26906.30	5957.70	6867.90	10523.15	2950.60	606.95
2017	33269.60	6769.25	7374.95	14270.95	4210.55	643.90
2018	40183.00	6687.50	7863.05	20953.95	4144.95	1883.55

数据来源：国家粮食和物资储备局统计资料。

16. 全国粮油进口情况表（2001~2018 年）

单位：万吨

年 份	粮食	谷物	小麦	大米	玉米	大麦	大豆	食用植物油	豆油	菜籽油	棕榈油	花生油
2001	1950.37	344.3	73.9	26.9	3.9	236.8	1393.95	149.2	7.0	4.9	136.0	0.9
2002	1605.12	284.9	63.2	23.6	0.8	190.7	1131.44	266.3	87.0	7.8	169.5	0.4
2003	2525.83	208.0	44.7	25.7	0.1	136.3	2074.10	441.2	188.4	15.2	232.8	0.7
2004	3351.50	974.5	725.8	75.6	0.2	170.7	2023.00	529.1	251.6	35.3	239.0	0.0
2005	3646.96	627.1	353.9	51.4	0.4	217.9	2659.00	471.9	169.4	17.8	283.8	0.0
2006	3713.75	358.2	61.3	71.9	6.5	213.1	2823.69	581.3	154.3	4.4	418.7	0.0
2007	3730.95	155.5	10.1	48.8	3.5	91.3	3081.66	767.5	282.3	37.5	438.7	1.1
2008	4130.58	154.0	4.3	33.0	5.0	107.6	3743.63	752.8	258.6	27.0	464.7	0.6
2009	5223.12	315.0	90.4	35.7	8.4	173.8	4255.11	816.2	239.1	46.8	511.4	2.1
2010	6695.35	570.7	123.1	38.8	157.3	236.7	5479.78	687.2	134.1	98.5	431.4	6.8
2011	6390.01	544.6	125.8	59.8	175.4	177.6	5263.66	656.8	114.3	55.1	470.1	6.1
2012	8024.60	1398.15	370.1	236.9	520.8	252.8	5838.39	845.1	182.6	117.6	523.0	6.3
2013	8645.20	1458.11	553.5	227.1	326.6	233.5	6337.54	809.8	115.8	152.7	487.4	6.1
2014	10042.40	1951.00	300.4	257.9	259.9	541.3	7139.90	650.2	113.5	81.0	396.9	9.4
2015	12477.50	3270.40	300.6	337.7	473.0	1073.20	8169.20	676.5	81.8	81.5	431.2	12.8
2016	11467.60	2198.90	341.2	356.2	316.8	500.5	8391.30	552.8	56.0	70.0	315.7	10.7
2017	13061.50	2559.20	442.2	402.6	282.7	886.3	9552.60	577.3	65.3	75.7	346.5	10.8
2018	11554.80	1649.60	309.9	305.8	352.4	681.5	8803.10	629.0	54.9	129.5	357.2	12.8

数据来源：国家发展和改革委员会根据《海关统计》整理。

17. 全国粮油出口情况表（2001~2018 年）

单位：万吨

年　份	粮食	谷物				大豆	食用植物油	豆油	菜籽油
			小麦	大米	玉米				
2001	991.24	875.6	71.3	185.9	600.03	24.8	13.5	6.0	5.4
2002	1619.64	1482.2	97.7	198.2	1167.48	27.6	9.7	4.7	1.8
2003	2354.58	2194.7	251.4	260.5	1640.10	26.7	6.0	1.1	0.5
2004	620.37	473.4	108.9	89.8	232.36	33.5	6.5	1.9	0.5
2005	1182.27	1013.7	60.5	67.4	864.20	39.6	22.5	6.3	3.1
2006	774.41	605.2	151.0	124.0	309.92	37.9	39.9	11.8	14.5
2007	1169.46	986.7	307.3	134.3	492.11	45.6	16.6	6.6	2.2
2008	378.88	181.2	31.0	97.2	27.34	46.5	24.8	13.4	0.7
2009	328.27	131.7	24.5	78.0	12.96	34.6	11.4	6.9	0.9
2010	275.10	119.9	27.7	62.2	12.75	16.4	9.2	5.9	0.4
2011	287.50	116.4	32.8	51.6	13.61	20.8	12.2	5.1	0.3
2012	276.64	96.0	28.5	27.9	25.73	32.0	10.0	6.5	0.7
2013	243.07	94.7	27.8	47.8	7.76	20.9	11.5	9.0	0.6
2014	211.40	70.9	19.0	41.9	2.00	20.7	13.4	10.0	0.7
2015	163.50	47.8	12.2	28.7	1.10	13.4	13.5	10.4	0.5
2016	190.10	58.1	11.3	39.5	0.40	12.7	11.3	8.0	0.5
2017	280.20	155.7	18.3	119.7	8.60	11.2	20.0	13.3	2.1
2018	365.90	238.7	28.6	208.9	1.20	13.4	29.5	21.8	1.5

数据来源：国家发展和改革委员会根据《海关统计》整理。

18. 国民经济与社会发展总量指标（1978~2018 年）（一）

指 标	单位	1978 年	1990 年	2000 年	2017 年	2018 年
人口						
年末总人口	万人	96259	114333	126743	139008	139538
城镇人口	万人	17245	30195	45906	81347	83137
乡村人口	万人	79014	84138	80837	57661	56401
就业和失业						
就业人员	万人	40152	64749	72085	77640	77586
＃城镇就业人员	万人	9514	17041	23151	42462	43419
城镇登记失业人员	万人	530	383	595	972	974
国民经济核算						
国内生产总值	亿元	3678.7	18872.9	100280.1	820754.3	900309.5
第一产业	亿元	1018.5	5017.2	14717.4	62099.5	64734.0
第二产业	亿元	1755.2	7744.3	45664.8	332742.7	366000.9
第三产业	亿元	905.1	6111.4	39897.9	425912.1	469574.6
人均国内生产总值	元	385	1663	7942	59201	64644
居民收入						
全国居民人均可支配收入	元				25974	28228
城镇居民人均可支配收入	元	343	1510	6280	36396	39251
农村居民人均可支配收入	元	134	686	2253	13432	14617
财政						
一般公共预算收入	亿元	1132.3	2937.1	13395.2	172592.8	183351.8
一般公共预算支出	亿元	1122.1	3083.6	15886.5	203085.5	220906.1
能源						
能源生产总量	万吨标准煤	62770	103922	138570	358500.1341	377000
能源消费总量	万吨标准煤	57144	98703	146964	448529.1004	464000
固定资产投资						
全社会固定资产投资总额	亿元		4517.0	32917.7	641238.4	645675.0
＃房地产开发	亿元		253.3	4984.1	109798.5	120263.5
对外贸易和实际利用外资						
货物进出口总额	亿元	355.0	5560.1	39273.3	278099.2	305050.4
出口额	亿元	167.6	2985.8	20634.4	153309.4	164176.7
进口额	亿元	187.4	2574.3	18638.8	124789.8	140873.7
外商直接投资	亿美元		34.9	407.2	1310.4	1349.7
主要农业、工业产品产量						
粮食	万吨	30476.5	44624.3	46217.5	66160.7	65789.2
棉花	万吨	216.7	450.8	441.7	565.3	610.3
油料	万吨	521.8	1613.2	2954.8	3475.2	3433.4
肉类	万吨		2857.0	6013.9	8654.4	8624.6
原煤	亿吨	6.18	10.80	13.84	35.24	36.83
原油	万吨	10405	13831	16300	19151	18911
水泥	万吨	6524	20971	59700	233084	220771
粗钢	万吨	3178	6635	12850	87074	92801
发电量	亿千瓦小时	2566	6212	13556	66044	71118

数据来源：国家统计局统计资料。

18. 国民经济与社会发展总量指标 (1978~2018 年)(二)

指 标	单位	1978 年	1990 年	2000 年	2017 年	2018 年
建筑业						
建筑业总产值	亿元		1345	12498	213944	235086
消费品零售和旅游						
社会消费品零售总额	亿元	1559	8300	39106	366262	380987
入境游客	万人次	180.9	2746.2	8344.4	13948.0	14119.8
国际旅游收入	亿美元	2.6	22.2	162.2	1234.0	1271.0
运输和邮电						
沿海主要港口货物吞吐量	万吨	19834	48321	125603	865464	922392
邮政业务总量	亿元	14.9	46.0	232.8	9763.7	12345.2
电信业务总量	亿元	19.2	109.6	4559.9	27596.7	65555.7
移动电话用户	万户		1.8	8453.3	141748.7	156609.8
固定电话用户	万户	192.5	685.0	14482.9	19375.7	18224.8
金融						
金融机构人民币各项	亿元					
存款余额		1155	13943	123804	1641044	1775226
金融机构人民币各项	亿元					
贷款余额		1890	17511	99371	1201320.99	1362966.65
科技、教育、卫生、文化						
研究与试验发展经费支出	亿元			895.7	17606	19657
技术市场成交额	亿元			651	13424	17697
在校学生数						
#普通本、专科	万人	85.6	206.3	556.1	2753.6	2831.0
普通高中	万人	1553.1	717.3	1201.3	2374.5	2375.4
初中	万人	4995.2	3916.6	6256.3	4442.1	4652.6
普通小学	万人	14624.0	12241.4	13013.3	10093.7	10339.3
医院数	个	9293	14377	16318	31056	33009
医院床位数	万张	110.0	186.9	216.7	612.0	652.0
执业 (助理) 医师	万人	97.8	176.3	207.6	339.0	360.7
社会保障						
参加基本养老保险人数	万人		6166	13617	91548	94240
参加基本医疗保险人数	万人			3787	117681	134452
参加失业保险人数	万人			10408	18784	19643
参加工伤保险人数	万人			4350	22724	23868
参加生育保险人数	万人			3002	19300	20435
社会保险基金收入	亿元		187	2645	67154	77850

注：1. 由于计算误差的影响，按支出法计算的国内生产总值不等于按生产法计算的国内生产总值。

2. 本表价值量指标中，邮电业务总量 2000 年及以前按 1990 年不变价格计算，2001~2010 年按 2000 年不变价格计算，2011 年起按 2010 年不变价格计算。其余指标按当年价格计算。

3. 2018 年社会保障数据为快报数。2017 年大部分省份参加新兴农村合作医疗的人员并入城乡居民基本医疗保险参保人数中；2016 年及以前主要为城镇基本医疗保险参保人数。

数据来源：国家统计局统计资料。

后　记

从 2019 年起，《中国粮食发展报告》已更名为《中国粮食和物资储备发展报告》。《中国粮食和物资储备发展报告》是国家粮食和物资储备局主编，经国家新闻出版管理部门批准出版，逐年编撰、连续出版的资料性年刊。主要聚焦粮食和物资储备重点难点问题，系统反映发展状况，客观展示历史足迹，为科学决策和理论研究提供参考，为社会了解粮食和物资储备发展状况提供帮助。《2019 中国粮食和物资储备发展报告》（以下简称《报告》）增加了物资储备、能源储备等板块，设置多个专栏突出体现粮食和物资储备工作重点、亮点和创新点，全面反映 2018 年粮食和物资储备系统工作实绩与发展成果，收录了较为完备的行业统计资料。《报告》（包括附表）所有统计资料和数据均未包括我国香港特别行政区、澳门特别行政区和台湾地区。

《报告》在编写过程中得到了国家发展和改革委员会、农业农村部、国家统计局等有关部门的大力支持，参加《报告》编写工作的部门及单位有：国家发展和改革委员会农经司、经贸司、价格司，农业农村部种植业管理司，国家统计局综合司、农村司，国家粮食和物资储备局办公室、粮食储备司、物资储备司、能源储备司、法规体改司、规划建设司、财务审计司、安全仓储与科技司、执法督查局、外事司、人事司、信息化推进办公室、"深化改革转型发展"大讨论办公室、标准质量中心、中国粮食研究培训中心、国家粮油信息中心、粮食交易协调中心、科学研究院、中国粮油学会等。

在此，谨向在《报告》编写过程中给予大力支持的领导、专家和同志们表示衷心的感谢！《报告》如有不妥之处，敬请批评指正。

《中国粮食和物资储备发展报告》编辑部
中国粮食研究培训中心
2019 年 12 月 6 日